시인문학회 2024 앤솔로지

인문학시인선 - 015
시인문학회 2024 앤솔로지

오래도록, 아주 오래도록
올해의 좋은 시

서울시인협회 시인문학회 엮음

인문학사

머리말

시인문학회 2024년 '올해의 좋은 시'를 펴내면서

①세상의 모든 딸들은 모두 어머니에게 불친절하다/ 어머니는 분풀이 대상/ 다 받아 주는 어머니들도 어머니에게 불친절했던/ 그 시절에 대한 보속으로/ 딸들의 화풀이를 참아 낸다 -송영숙 「세상의 딸들에게」 중에서

②살다 보면 사랑도 낡아진다/ 오래된 가구처럼/ 여기저기 해어지는 것이다// 모든 사랑이 그런 건 아니다/ 엔틱가구는 오래될수록 애착이 간다/ 딱히 흡족하지는 않아도/ 내 놓을 정도는 아니다 -양창식 「사랑의 감도」 일부

③재작년 추수한 오래된 쌀이 있다/ 누르땅땅한 쌀 몸은 누린 때가 묻었다// 물에 담가 팍팍 문지르고 비비고 닦아내어/ 하얀 뜬 물이 나오고 말갛게 씻어내니/ 제법 만난 밥이 되었다// 무거운 내 나이/ 내 생도 오래된 쌀처럼/ 누렇고 색 바랜 때가 묻었다/ 폭풍, 비바람에 간간이 씻기지만/ 물 속에 풍덩 빠져 쓰고 짜고 텁텁한 내 피를/ 닦고 닦이며// 누구에게나 주는/ 배부르고 등 따스한/ 맛있는 밥이 되겠지
 -홍보영 「쌀을 씻으며」 중에서

④말빨은 화려한데 행동은 없으니 후덜덜/ 정의는 어디 가고 불의가 판치고 있으니 후덜덜/ 사랑은 가뭄인데 미움 다툼

넘쳐나니 후덜덜/ 생각은 가득한데 몸은 이불 속이니 후덜덜/
함성은 요란한데 배는 맨날 산으로 가니 후덜덜/ 나눔
부르짖어도 부자들은 돈잔치 후덜덜/ 늙기 싫어 발버둥쳐도
다가오는 마지막 후덜덜/ 아무리 따져봐도 허물만 가득하니
후덜덜 -이한센 「인생은 후덜덜」 전문

⑤항상 단아하게 가꿨던 짧은 네 삶이/ 가슴 미어지도록
서럽게 스치는 밤/ 산 사람은 어떻게든 산다는 말이/ 끝내
벗어나지 못할 죄 아니더냐// 다 털어 버려야 가벼워진다고
하니/ 힘들었던 이 세상, 다 잊어버려라/ 여읜 가슴에 얹힌
네 자리 맴돌며/ 끊이지 않는 눈물꽃으로 기다리마
  -송일섭 「보내지 못한 편지」 중에서

어떻습니까, 이 시들이?
원고를 정리하며 만났던 시들 중에서 눈길 머무는 대로 골라
본 다섯 편입니다. 어떤 작품에는 한 평생 살아온 삶의 지혜가
담겨 있고, 또 어떤 작품에는 우리 시대의 사회상을 풍자하되
날카로운 직접화법 대신 짐짓 딴청을 부리듯이 유머르스하게
풍자의 날을 숨겨서 표현하고 있습니다. 그리고, 다섯 번째로
소개한 작품에는 딸을 여읜 아버지의 진한 슬픔이 읽는
사람에게 더 큰 밀물로 다가와 참척을 겪은 시인의 마음이
선명한 문신처럼 전해오는 것을 느낄 수 있습니다.

시인문학회는 해마다 회원들이 그 해 창작한 작품 중에서

본인이 자선自選한 작품을 묶어 '올해의 좋은 시'라는 제목으로 앤솔로지를 펴내곤 했습니다. (시인문학회는 서울시인협회에 입회한 시인들 중에서 본인이 선택하면 회원이 될 수 있습니다.) 시인문학회 2024년 앤솔로지는 '월간시인' 창간 1주년을 기념하는 앤솔로지이기도 합니다.
앤솔로지의 구성은 전5부로 나누었습니다. 지난 해까지는 가나다라순으로 작품을 수록했는데, 이번에는 그 방식을 달리해 등단순으로 수록했습니다. 이는 등단년도가 빠른 선배 시인들을 예우하는 한국문단의 관례이기도 합니다.
제1부는 1990년대부터 2014년까지 등단한 시인, 제2부는 2015년부터 2017년까지 등단한 시인, 제3부는 2018년부터 2019년까지 등단한 시인, 제4부는 2021년부터 2022년까지 등단한 시인, 제5부는 2023년~2024년 등단한 시인들입니다.

수록 시인들의 프로필은 본인이 작성한 내용대로 싣는 것을 원칙으로 했지만 일부 불필요한 내용이 있거나 적합하지 않은 내용들은 수정하거나 삭제했습니다. 특히 여러 문학단체의 간부, 검증되지 않은 문학상 수상 경력 등은 삭제했습니다.

앤솔로지의 제호는 김영아 시인의 수록작품 「오래도록, 아주 오래도록」으로 정했습니다. 이 제호 외에도, 수록작품 중에서 제호로 좋을 것 같은 다섯 가지에 대해 여러 시인들에게 의견을 물은 결과 '오래도록, 아주 오래도록' 압도적으로 지지를 받았음을 밝힙니다.

CONTENTS

5 머리말

1

14 전홍구 가을/ 눈물/ 능소화
18 송영숙 근질/ 세상의 딸들에게/ 이장
22 이충재 겨울 일기 쓰기/ 시나리오/ 그대가 오신다
26 김영희 소음이 필요한 시간/ 광고 건너뛰기/ 상현
30 원임덕 파란 달/ 붉은 밤/ 고것, 참
34 양창식 모로 눕는 봄/ 동강할미꽃/ 사랑의 감도
38 이희국 수문을 열다/ 새벽바다/ 그때 번개가 지나갔다
42 홍보영 쌀을 씻으며/ 캄보디아 아리랑/ 내 의자
46 고용석 소년 동주, 길을 잃다/ 늙은 개 이야기/ 손톱달
50 김혜숙 다름에 대하여/ 광화문에서/ 깨닫지 못한 이야기
54 김동성 다문화 런웨이/ 바다의 노래/ 시니어 모델

2

60 강동희 노을 진다는데/ 내가 없는 자리/ 살구는…
64 천영희 나만의 장난감/ 겨울을 털어내다/ 아버지의 목소리
68 신남춘 매화꽃/ 동백의 사랑/ 느티나무
72 조장한 봄 오는 길목/ 사랑하고 싶은 때/ 국회의원 선거
76 홍찬선 목매기와 꼬맹이/ 엄마 아부지의 사랑 가마니/ 호미곶이 전하는 말
80 이한센 잡초의 꿈/ 인생은 후덜덜/ 백구야
84 임하초 은총/ 물은 연하지 않다/ 종달새 노래 드높다
88 김정필 불협화음/ 바우길에서 쓰는 꽃편지/ 쑥 향기 맡으며
92 이종범 곳에 따라 비/ 밝은 인생/ 빈 공장
96 심재옥 마티스의 식탁/ 비의 예보/ 목련이 질 때까지
100 김병준 소리쟁이1/ 천도/ 꿈에나 뵈올 임을

104 **김근숙** 덩쿨손 힘처럼 살아간다면/ 아버지의 차비/ 한 가지 후회
108 **김민자** 괜찮아?/ 생각나무 속에 사는 여자/ 벽이 된 문
112 **김태선** 바다의 꿈/ 송편/ 동탄 수목원
116 **남민우** 한옥 구조의 모순/ 돌탑 쌓기/ 진정한 여행
120 **명재신** 꽃이 지도다/ 세상을 위하여/ 끝을 향하여

3

126 **이송령** 유심한 곳/ 첫눈에 반한 사랑이 녹는 계절/ 배짱으로 삽시다
130 **이하재** 늙은 아파트는 춤을 추고/ 새까만 별이 눈물처럼/ 청소
134 **송일섭** 거리에서/ 보내지 못한 편지/ 순례길
138 **김애란** 봄/ 겨울 정원/ 바람의 언덕
142 **최진영** 다마네기/ 스마트폰 공동묘지/ 조카의 차례상
146 **백승문** 커피콩 사랑/ 소만/ 분장을 지우는 시간
150 **김준호** 가난/ 보름달/ 옆자리/ 리모컨
154 **이옥주** 오래된 조율/ 먹구름/ 깃털 하나 떨어뜨리듯
158 **양재영** 풍요와 번창/ 비 그리고 사랑/ 손
162 **권기일** 춤꾼/ 기다림/ 전등
166 **최유미** 어떤 마음이었는지/ 동그라미/ 당신은 그런 사람

4

172 **이정수** 시인들의 이야기/ 시의 찬미/ 글쓰기
176 **구미정** 비가오옵니다/ 할아버지/ 꿈
180 **김영아** 꽃의 시간/ 직립의 유혹/ 오래도록, 아주 오래도록
184 **송호진** 누워서 시를 하다/ 거울 뒷면의 욕망/ 환승
188 **하재우** 밀주 항아리/ 불암산 소쩍새/ 연일 비 소식에 우는 사람이 있다
192 **이경선** 북두칠성/ 미싱/ 홍매화
196 **김종숙** 오월 보리/ 가슴에 심은 말/ 냉이꽃이 피었다

200 **조선달** 소묘 단상/ 불치병/ 농부의 봄
204 **이재근** 사랑이라는 게/ 섬생활/ 미련
208 **이향연** 트랙을 걷는 둥근 언어/ 사천 해변에 묻어 둔 보물/
　　　　단 하나의 내편 목련화
212 **최병국** 유모차 세 대/ 백합/ 거친 손바닥
216 **최현아** 깊고 외로운 고독/ 커피/ 4
220 **유이정** 봄 핀 정원에서/ 꽃 시절/ 세오

5

226 **윤동수** 하설/ 행복한 가게/ 하얀 운동화
230 **김성준** 청춘/ 봄 햇살에 마음은 녹는다/ 꽃 봄
234 **백정희** 여백/ 봄비가 오네요/ 어머니의 부엌
238 **이현희** 달의 침실/ 밤이 짓고 새벽이 쓴다/ 가까운 듯 먼
242 **이 진** 겨울 강가를 서성거려요/ 봄/ 용한 점집
246 **조은경** 기적/ 달 치즈/ 불꽃놀이
250 **한나나** 그대 오심은 선물이었습니다/ 그대 내게 오실 때에/ 시 가꾸는 마음
254 **박종덕** 당신을 만나는 순간/ 시를 찾아서/ 시인의 운명
258 **윤영돈** 미스터리/ 관절/ 시가 주는 위로
262 **임경민** 연과 연/ 일파만파/ 촛불을 켜다
266 **김규환** 북어 이야기/ 아카시아 추억/ 장아찌 같은 인생
270 **강준구** 남산/ 심야식당/ 비해ing기
274 **정원순** 버드나무 철학자/ 마지막 택배/ 공감
278 **이구철** 병뚜껑/ 만두2/ 복권
282 **박인숙** 소라현역/ 광어의 기도/ 반딧불이

1,

전홍구

계간 '문예사조'로 시, 수필 등단(1991)
한국민족문학상, 세종문화예술, 한국문학신문, 한국문예예술 대상,
한국환경관리사총연합회 환경시 문학상 등 수상
시집 제3집 『나뭇가지 끝에 걸린 하늘』등 4권
yesnyes@hanmail.net

왜 글을 쓰느냐? 물으시면 굶어도 좋을 만큼 좋아서,
입김으로 바위를 녹이는 마음으로, 어쩌면 숙명적
사명감으로 물속에 빠진 종소리를 건지려다가
내가 빠져 그 속에서 종을 치는 마음으로 쓴다고
말하고 싶습니다.

가을

그 집을 찾아간다
기억에 오래 남아있는 한곳이 있기에

그곳에서 파는 음식은
요리가 아니고 예술품 같다는 소문 때문이다

주인 말에 의하면 모든 음식은 숙성 과정을 거쳐
손님 앞에 내놓는다는 것,
음식 파는 것 아니고
정성과 사랑과 사상을 판다는 것이었다
그 집 음식 속에는 주인의 철학이 들어있다고
자부하고 영업한다는 것이다
그래서인지 한번 먹어본 사람이라면
또다시 찾아온다는 소문이 이어지고 있다는 것이다

다시 찾아가는 그곳은 겨울도, 봄도 여름도 아닌
가을이라는 식당이다.

눈물

보고 싶어
날마다 울었다
그 눈물은 달았다

만나보고 싶은 사람
얼싸안고 울었다
그 눈물은 짰다

매친 말 다 하지 못하고
헤어지면서 울었던
그 눈물은 썼다

눈물을 닦고 닦아도
깨지 않았으면 좋았을
그 사람과 만남의 꿈.

능소화

담장이 같은 것이
그리움에 담을 타다가
등나무같이 우거져
주홍과 노랑이 얼싸안고
반짝이는 초록빛 사이로
나팔꽃처럼 피어
입술을 내민다

무성한 여름 뜨겁게 달아올라
하늘 뒤덮은 나뭇잎 사이로
한 줄기 햇살이 반짝여
속살을 드러내 보이나 보다

그리도 화려한 건
한이 남아 교태를 부리는지
줄기 끝에 춤을 추며
연분의 웃음 터트려
주홍빛 유혹의 눈짓에 내가 녹는다.

송영숙

'시문학'으로 등단(1993)
시집 『할미꽃과 중절로』 『벙어리매미』 『선미야 어디 가니』
『하마터면 사랑할 뻔했다』
호서문학상, 시문학상, 올해의 시인상(월간시) 등 수상
songjh4056@hanmail.net

나쁜 생각 하다가 시 쓰면 찔려서 피 본다
좋은 생각 하다가 시 쓰면 찔려서 피 본다
좋은 것과 나쁜 것은 같은 것인가

근질

제주도 세화우체국에서
너에게 편지를 써
사랑이라고 두 글자만 써서
발신인 주소 없이 빠른우편으로 보냈어
너는 뛸 듯이 기뻐하겠지
첫사랑이 찾아왔다며
미안하지만 나야
화풀이는 바다에게
거리마다 수국이 불두화가 지천이야
갑자기 부처님께 너의 안부를 물었지 뭐야
부처님 느닷없어 하시겠지만
화풀이는 바다에게

세상의 딸들에게

세상의 딸들은 모두 어머니에게 불친절하다
어머니는 분풀이 대상
다 받아주는 어머니들도 어머니에게 불친절했던
그 시절에 대한 보속으로
딸들의 화풀이를 참아낸다
그래 여자라서 받는 억울함을 이 어미에게만 풀어다오
다른 데 가서 하면 니 에미가 누구냐 물을 테니
그때는 따따부따 할 것 없느니
여자라서 더 아픈 딸들아
남자들에게는 없는 유방 덩어리
남자들에게는 없는 동굴 같은 자궁
골치 아프다가도 마냥 보물 같은 전유물
내 새끼 남의 새끼 돌아가며 물리고 빨리니
남은 것은 길게 늘어져 껍질만 남아 출렁대는
한낱 살덩어리
이제 누가 이것을 유방이라 부르랴
다 파내고 껍질만 남아 출렁대는
한낱 살덩어리
이제 누가 이것을 자궁이라 부르랴
그래도 이 에미 없어졌을 때 오래 슬퍼할 딸들아
세상의 종말이 올 때 가장 앞에서 울어 옐 딸들아
밤늦도록 놀다가 내일 들어와도 되느니

이장

우리 가족 대전추모공원으로 이사 왔다 공원이라는 말은 누가 갖다 붙였을까 이제 아무 때나 와도 여기 다 있다 가까워진 우리 가족 한지로 각각 곱게 쌌는데 들다가 아버지 가루 주르르 흘렸잖아요 맙소사 아버지 미안 이거 봐요 하여튼 아버지는 이렇다니까 돈을 줄줄 흘리고 다니시더니 그 버릇 아직도 못 버리셨잖아요 다른 사람들보다 죽어서도 가벼운 우리 어머니 아이고 아이고 두 팔에 안으니 한 덩어리 식은 떡 같잖아요 이렇게 가벼워서야 원 어머니 제발 당당하게 어깨 좀 펴 봐요 어지러울까봐 살살 흙구덩이 안에 눕혀드려요 큰오빠는 아직도 억울한지 말이 없어요 오빠가 동생 품에 안겨서야 되겠냐고 나는 묻고 오빠는 답이 없어요 입이 나와 있는 오빠 이제 화 풀지 그래 끝난 지가 언젠데 그래 어떡하겠어 아무도 모른다잖아 본 사람이 없다잖아 그러게 그날 거길 왜 갔어 그리고 우리 막내야 강아지풀 같이 마르고 귀엽던 제대로 장가도 못 간 막내야 그렇게 급했니 잘 좀 살지 내가 뭐랬니 자꾸 그러면 그렇게 된다고 했어 안 했어 등신 머저리 같은 놈 나만 남겨놓고 우리 가족 오늘부로 산이 되었다

이충재

강원도 횡성출생
한국성서대학교, 고려대학교 대학원 비교문학과 졸업
'문학과 의식' 시 등단(1994).
'월간시' 제1회 시평론가 대상 당선(2015)
시집 『어머니의 수레』 외 13권
산문집, 수필집, 칼럼집 다수
autom12@naver.com

이 생애에서 시 하나만을 가지고 할 수 있는 것이 무엇이 있겠는가? 역사 속 시인들을 그래도 펑펑 울기도 했고, 마음껏 욕설이라도 퍼붓기도 했고, 미친 짓도 해 보았다지만, 거리마다 CCTV카메라 같은 법과 사치와 체면 등 그물망 복잡한 인간세상에서 할 수 있는 것이 무엇이 있겠는가? 그냥 작은 시의 마음에 물 주듯 태양볕 몇 모금으로 공생할 수밖에!

겨울 일기 쓰기

마른 나무여
삶의 등짐 지고
예까지 따라와
활활 불을 지펴 온기를 더해 주는
불쏘시개 되어 몸 태워낸
포근한 네 가슴에 안겨서 안식을 누린다만
역시 세상은 고단하다

인파들의 파열된 영혼을
미소로 맞이해야 하는
모질지 못한 신앙고백 앞에서
촌놈으로 순수를 모종하다가
불편해진 영락없이 불편한 경제를 생각한다
그래서 일기를 쓰는지는 몰라도
발 시리도록 영혼이 잔뜩 시려와 원고지를 덮고 잠 깊이 든다

처음은 아무것도 모른 채 썼다
소꿉친구에게 사랑을 고백하듯 써 온 일기가
덩달아서 나이를 먹었다
애인의 이름 부르듯 신년 일기장을 사야 할 시간
하얀 눈밭을 지나서
새하얀 치마저고리를 입고 마중 나오듯 만나는 일기장 속살
다시 한 번 흠뻑 울어보리라 이 세상은 언제나 슬픔뿐이다

시나리오
-삶

한밤을 설쳤다
무덤 같은 어둡고 깊은 밤
바람은 왜 이리 팔드락거리며 사내의 등을 후려치는지
긴 언덕을 지나 내^川에 이르렀는데
아직도 휘청거리며 갈하는 가여운 생애

철학 하는 삶도
신학 하는 생애도
사유의 뼈를 씹어 삼키며 살아온 생계도
모두가 그 괴물 앞에서는 중심을 잃고
눈 질끈 동임을 강요당한다

네 놈의 흔적
피눈물 머금고 하는 응시
이날은 그 동공에 회칠을 해야 할까보다
그 놈의 눈도 멀고 얼어터진 심장의 회복을 위해
차 한 잔 우려 마시며 서로를 보듬고 춤을 추자

누군가는 쓰고
또 누군가는 읽고
그 받아든 원고가 양식이 되지 않는
날카로운 옹벽 너머 외딴 생애
우뚝 선 거목의 등걸에 심장을 던져 꽃의 거름이나 되자

그대가 오신다

겨울 비 젖은 나뭇잎 슬피 울 때
나뭇잎 사이로 그대가 오신다
머리편 고운 머플러 환한 미소를 띠고 오신다
잊은 줄 알았던
잊혀진 줄로만 알았던 그대
마음 문을 열고 들어와 품에 안긴다

삭이워진 줄로만 알았던 인연
물 빠진 외투를 입고들 통행하는 힘겨운 계절
하나 둘 바람과 같은 들풀 잎 호흡과 같은 인성은 사라지고
인공적인 것만 남아서
서로의 아픔도 잊은 듯 외면하는 시대의 뒤란으로
그대 그 옛 모습으로 오신다

한 손에는 여전히 창이 들렸는데도
보드라운 손 등의 키스가 그리운 그대
비 내리고 바람 세차게 불어와도 들녘으로 향한 문턱에서
밤새워 그대 맞는다
그동안 안녕했느뇨
얼굴 보안 그대의 세월도 예전의 것은 아니어서 슬프기는 하다

김영희

월간 '문예사조'로 시 등단(1998)
시집 『나는 다시 시동을 켠다』
'공감과 치유' 동인
현재 '즐거운 책읽기 신나는 글쓰기' 독서지도 교사
블로그 http://blog.naver.com/shadowhee
이메일 shadowhee@naver.com

살아갈수록 더 자주 바람이 인다. 모르는 척 넘어가야 하는 일들이
내가 나서야 해결되는 일들이 대기 번호를 내민다.
여러 개의 대기 번호를 들고 망설이다 보면
어느 결에 뒤로 밀려나고 공연한 조급함이 벽을 쌓고 있다.
그나마 '시'의 바람이 고마울 뿐이다.

소음이 필요한 시간

고요가 두려운 날이 있다

혼자만 따로 밀려나와
섞이지 못하는 듯
온 세상이 눈치 보느라 정적

내가 누구인지 알려달라고
좀 떠들어 달라고 부탁하고 싶은 날
그런 날이 있다

혼자 보다는 둘이어서
아니면 여럿이 모여
서로의 말소리조차 들리지 않을
그런 시끄러움 속으로 들어가 앉아
가만히 날 보고 싶은 그런 날이

광고 건너뛰기

좀 건너갈게요
.
쉬어가라고 붙잡는 거라 생각하지만
그러기엔 너무 바빠요

1분의 기다림도
하염없이 길게 여겨지는 시간
그게 바로 광고의 시간이니까요

좀 건너갈게요
.
이건 비밀인데
사실은 건너뛰지 않으면
바쁘다기보다는
얇은 귀와 궁금한 눈이
광고에 자꾸만 홀딱 빠져서요

상현

거꾸로 시간이 흐르고
잘못 감겨진 태엽이 엉뚱한 시간으로
데려가 준다면
그대 아래 서겠어요

백만 년 전
꽃망울 터지려는 모습 훔쳐보면서
소곤거리는 옅은 빛

그리움이었나요
품고 살던 아픔 한 조각이었나요

잠시 그대를 떠나보내고

다시 하현이 되어
그대 앞에 서 봅니다

기다리면 돌아올 그대이지만
성급한 원망이 어둠에서도 흐린 빛을
자꾸 덮는 오늘입니다

원임덕

'한국문학예술' 신인상으로 등단(2003)
시집 『벌레가 만난 목화 속의 바다』 『꽃이 되는 시간을 위하여』
월인문학상 수상
스님, 연엽산지기, 미소마을 시마음치료 연구원 대표
gasijangmi@naver.com

벚꽃이 하얗다
붉음이 하얘지고 있다
나의 붉은 밤들도 벚꽃 속에서
하얘졌으리라
이제는 검은 비도 내리지 않으리라
파란 달이 벚꽃나무 위에 내려와
오늘 밤 말을 걸어오리라

파란 달

바다처럼 깊은 이해로
빛나는 지성을 바라보아도
그저 달빛으로만 머물러도
바다가 달이 될 수는 없는

그런데
파란 달이 뜨는 겁니다
그런 날은
하늘이 분홍빛이 되고
지상 위의 이름 없는 잡초들이
높이 떠올라
꿈처럼 아름다운 이름이 되고

푸른 달이 내려옵니다
그리고
나의 세상은 온통
파랗게 물이 듭니다

나의 푸른 진실이
차갑게 빛나는 그런 순간입니다

붉은 밤

누구나 살아가며
몇 번쯤 붉은 밤이 몰려오는
그런 날이 왜 없으리

억수로 퍼붓던 폭우에
아기 새들이 처마 밑으로 날아와
하늘 번쩍 우르르 꽝 꽝
대낮에도 캄캄해지던 하늘
소나기야 지나가면
더욱 청아한 산과 들

대낮에도 어둔 강물 위로
물살에 휩쓸려진 부표처럼
가야 할 곳이 사라져버린 바다에
검은 비가 내리다가 이내 붉어지는
그런 밤들을

아마
겨울비가 내리는
마른 산이기도 했었지
봄눈이 내리는 마당의
민들레이기도 했었지
첫서리를 맞는 단풍이기도 했었지

붉은 밤엔 검은 비가 내리고
그 빗속에서 시뻘겋게 숯이 구워지는
그런 날들이 있었다는 것을

고것, 참

생긋이 웃는고나
눈가는 생글 주름
입가는 옅은 미소

봄 눈 녹고 아직 추워
꽃잔치를 미루어 두고
개울 지나 신작로

겨우내 서있던 벚나무
꽃불을 놓는구나
벚꽃네 웃음은 늙지도 않으니

양창식

'정신과 표현'으로 시 등단(2009)
'시와 편견'으로 재등단(2018)
제주국제대학교 총장, 대학원장 역임
시집 『제주도는 바람이 간이다』 『노지소주』 『생각의 주소』
viyangdo@hanmail.net

올봄은 비로 시작했다. 여행 왔던 지인 두 팀 모두 햇볕 한번
쬐지 못하고 돌아갔다. 제주도 날씨는 여인의 마음처럼 예측불허라고
하지만 여하튼 지금은 벚꽃이 흐드러지게 피었다.
제주도는 사랑의 도시다. 여행은 사랑을 몰고 다닌다.
혼자 오는 사람들조차 사랑 없이 혼자 오지 않는다.
여행은 사랑이다. 이 봄에 제주에서는 바다를 보며 심호흡하고,
벚꽃 앞에서 '김치'를 외친다. 찰칵찰칵 사랑이 넘나든다. 지나는
현지인들도 감염된다. 봄은 사랑의 시작詩作이다.

모로 눕는 봄

봄은 다시 오고 나는
기꺼이 당신을 준비한다

좁은 식탁에 마주 앉아
눈가의 이슬을 염려하는
짐 진 자들의 아침,
접시 위에 놓인
묵은 침묵을 기도한다

열린 창문 사이로
서로 기웃대며 봄을 섞는 우리
모로 누운 나에게 가는 팔을 뻗는
한 줌의 바다

파도, 파도 소리
눈짓보다 먼저 감겨오는
당신의 마른 바다, 바짝 엎드려
간자미 지느러미가 되는 나

봄은 무르익고 나는
당신을 주문한다.

동강할미꽃*

필 꽃은 어디에서든 핀다
필 사랑은 끝내 피고야 만다

설마 쉴 곳이 없어서
저 벼랑 끝에 섰을까
설 자리에 섰으므로
이 또한 공평이라 두둔하지 않는다

밀려서, 세파에 밀려서
저만 아슬아슬하게 늙고 싶어서
꼿꼿이 고개 듦은 순교의 완성일까

아무 곡절 없이 핀다면
꽃이 아니다
사랑이 아니다

필 꽃은 어디에서든 핀다
필 사랑은 어떻게든 핀다

*강원도 정선군 주변의 동강을 중심으로 석회암지역 절벽에서만
자생하는 세계적으로 유일한 다년초 식물

사랑의 감도 感度

살다 보면 사랑도 낡아진다
오래된 가구처럼
여기저기 해지는 것이다

모든 사랑이 그런 건 아니다
엔틱가구는 오래될수록 애착이 간다
딱히 흡족하지는 않아도
내놓을 정도는 아니다

오래된 사랑은 맞서지 않는다
바람 앞에 풀잎처럼
버티지 않고 눕는다
먼저 눕는 쪽이 더 낡은 것이다

낡아서도 누울 곳이 있다면
버티지 않고 누울 곳이 있다면
풀잎처럼 잠들 수만 있다면

이희국

'문예사조'(2013), '시문학'으로 시 등단(2013)
시집 『자작나무 풍경』 『다리』 『파랑새는 떠났다』 외
공저 『흙집을 짓다』 외 5권
한국문학비평협회 작가상, 푸른시학상 등 수상
가톨릭대학교 외래교수
slimpha@naver.com

나의 24시간은 두 개의 하루가 존재한다. 새벽 5시에서 7시까지는
'문학의 시간', 개국약사이며 교수로서 바쁘다는 이유로 열정을 접을
수 없는 나에게 이 시간은 기다림의 원천이며 날마다 새 하루를 기쁘게
열게 하는 힘이다. 사물의 숨소리를 들으며 반짝이는 생명의 숨겨진
조각들을 찾기 위해 노력하는 것은 더 할 수 없는 축복,
내 앞에 열리는 매일의 새벽이 기쁨 그 자체이다. 첫 하루의 시간을
마치고 두 번째 하루를 시작하는 아침 7시, 거울에 비친 내 모습을 보며
20년 째 날마다 다짐한다. '오늘은 어떤 등장인물을 만나
어떤 위로와 사랑을 나누어 드릴까' 하고.

수문을 열다

내 마음의 담수호에는
삼십 년이 넘는 시간이 담겨있다

꽃샘추위에 웅크린 새싹처럼 병치레가 잦은 아이들
잎맥만 남은 잎사귀처럼
촉촉하고 말랑한 속 자식에게 다 주고
식탁 앞에 혼자 앉은 푸석푸석한 사람들
통증에 무너지면서도
괜찮다고 숨을 몰아쉬는 노인들,
흑백의 시간조차 지워가는 치매 어르신

한바탕씩 스치고 가는 애틋한 바람을
새벽기도로 준비하는 호수

오늘도 삼정사거리 동경약국에는
절뚝거리는 사람들이
처방전이 없는
아픔과 외로움을 들고 찾아온다

꽃과 열매를 다 내어준 빈 가지들
가슴 쩍쩍 갈라진 사람들에게
마음의 수문을 활짝 열어
단비 같은 위로를 포장해준다.

새벽바다

유람선에서 내려다보는 밤바다
검은 물결 위에 오래전 감동이 반짝인다

공장에서 손이 절단된 아버지
반신마비 되어 누운 어머니
탁상행정을 넘어 가족을 돕다가 시말서 쓴 공무원
한겨울 맨발의 2남 3녀 이야기를 바람이 전해주었다

온갖 풍랑에 겹겹이 난 생채기를 안고
출렁이는 파도에 찢긴 채 떠다니는
작은 배 한 척
구명동의라도 사 입히고자 열여섯 살 장남에게 물었다
제일 힘든 게 뭐니?

힘든 것 하나도 없어요
아버지 일하다 다쳤고 어머니 밤낮으로 일하다 쓰러졌는데
제가 일할 차례가 되어 너무 기뻐요!
어설픈 동정의 뒤통수를 바람의 회초리가 철썩 쳤다
칠흑 같은 바다 좌표 없는 남루한 배 위에서
반짝이는 눈으로 힘차게 노를 젓고 있던 소년

파도가 부스럭거리며 구겨지던 바다
저 멀리서
환하게 동이 트고 있었다.

그때 번개가 지나갔다

강풍이 불고
번개가 빗금을 그으며 지나갔다

꼿꼿하던 해바라기가 목을 꺾었다
검은 허공이 우레와 함께 또 한 번 빗금을 쳤다
그 소리가 내 정수리를 적셨다

창문까지 흔들며 뒤쫓아 오는 천둥소리에
그림자 뒤로 숨겨놓은 기억을 꺼내본다
지은 죄가 몇 가지나 되는지

길을 가다가 개미를 밟은 적이 있었다
밟지 않을 수도 있었다
어느 날 나뭇가지를 무심코 꺾은 적이 있었다
그 나무는 어쩔 수 없이 새순을 내밀었지만
애초에 그가 원하던 방향이 아니었다
누군가의 비밀을 길에 흘리기도 하였다

그것들을 까맣게 잊고 살았다
또 한 번 번쩍, 이실직고 하라고 죽비를 친다

창밖의 나무는 지은 죄가 없는지
태연히 비를 맞고 있다.

홍보영

'문학시대'로 시 등단(2013)
현재 서울시인협회 부회장
대한민국 아리랑 명인, 강남 아리랑 예술단장
시집 『엘리샤벳 기도』 『굳이 말하라 하면』
배기종문학상, 서울시 친환경문화예술대상 등 수상
현 서울시인협회 부회장
국악인
hongboyoung1234@gmail.com

시인으로서 좀 더 자신도 알차고
사회도 정화되며 기쁨을 주는
좋은 시를 쓰려합니다
한 발 한 발 계단을 오르듯
한 줄 한 줄 좋은 시를 쓰려고 합니다.

쌀을 씻으며

재작년 가을 추수한 오래된 쌀이 있다
누르떵떵한 쌀 몸은 누린 때가 묻었다

물에 담가 팍팍 문지르고 비비고 닦아내어
하얀 뜬 물이 나오고 말갛게 씻어내니
제법 맛난 밥이 되었다

무거운 내 나이
내 생도 오래된 쌀처럼
누렇고 색 바랜 때가 묻었다

폭풍, 비바람에 간간이 씻기지만
물 속에 풍덩 빠져 쓰고 짜고 텁텁한 내 피를
닦고 닦이며

옥비녀처럼 맑은 피가 되면
백의민족에 숨겨진
은근과 끈기로

누구에게나 주는
배부르고 등 따스한
맛있는 밥이 되겠지

캄보디아 아리랑

청청한 정기 속에
수백 년 살았다는 아름드리 마무 밑
그 무시무시한 전쟁 캄보디아
한 팔, 두 다리가 없는 사람들
덩그러니 앉아서 아코디언을 켠다

누가? 누구? 무슨 권리로?
우연히 걷다가 터진 지뢰
밟았다는 죄목으로
생이 잘려나간 사람들

폭발음과 더불어 생 짤린 채
시퍼렇게 눈을 뜨고 목숨을 연명하는
질긴 힘줄

아리랑 아리랑 아라리오
1950년의 대한민국 아리랑

아리랑 아리랑 아라리오
아직도 굶주린 캄보디아 아리랑

내 의자

기다림에 붙박이가 된 저 부처
제 자리에 그대로 멈춰 서있다

하루 종일 무언 속에 불경을 외고 있다

내 속에 가득 찬 뿔이 헛상을 안고
푹 들어앉아도
곰삭은 그 가슴으로 지친 나를 받아
조용히 안아 준다

어스름 달빛에
등대고 눈 감고
하루에 젖은 무게 올려놓으니
우주에 순리에 고요해진다

고용석

'문학미디어' 신인상으로 등단(2013)
시집 『자자를 아시나요』 『양미리』
제1회 자유민주시인상 대상, '월간시' '올해의 시인상' 등 수상
현재 '월간시인' 편집장, 서울시인협회 사무국장
koss54@hanmail.net

 시가 참 더디게 써진다. 쓰고 다시 고치고, 그러다 어느 날은 앞서 쓴 시마저 지워버리는 일도 있다. 쓰면서 항상 생각하는 것은, 한 편이라도 읽는 이들과 공감을 같이 할 수 있는 시였으면 좋겠다는 생각이다. 요즘 머리를 어지럽히는 것은, 어느 시인의 시구처럼 '남에게는 엄격하고, 내게는 너그러워지는' 사람들의 행태다. 그래서인지 맵고, 혹독한 시를 그들에게 던져 놓고 싶은데, 마음뿐이기만 하다. 시 쓰는 일이 버겁고, 시인의 무게가 너무 무겁다. 서릿발 같은 채찍질로 나를 더 단련해야 하겠다.

소년 동주, 길을 잃다

달 조각 주으러
숲으로 간 소년은
돌아올 집을 잃어
밤새 간도를 떠돌고
어디, 집뿐인가
자신의 시 '하늘과 바람과 별과 시'도
'서시'에 뺏겨
소년, 목을 놓아 울음 울다
이제 아기 배, 동주童舟는
아름다운 혼을 싣고
노 저어 어디로 가야 하나
하늘을 우러러 별을 노래하는
작은 바람에도 괴로워한
푸른 소년 동주에게
오줌싸개 지도라도
건네야 하나

아기 배, 동주童舟 머무를
한 평 땅은 어디
새벽 헤치고 다가올
그를 정성껏 맞이할 주인은 누구

소년, 동주 길을 잃다.

늙은 개 이야기

송곳니도, 냄새도, 울음도 잃고
대문 곁에 드러누워 별을 헤아린다
세상은 끝없는 적막
찬바람에 시린 뼈마디 매만져 보지만
마디마디 곳곳이 저리고 아프다
벚꽃 흐드러지게 날리던 날
미친 듯 몸 뒹굴어 웃던 그때가 언제였는지
짓무른 눈곱 닦으며
가뭇없는 기억 되살려
내 몸에 밴 냄새를 맡는다
어찌 살아왔는지 킁킁대도 냄새가 없다
이젠 그림자처럼 숨어 다가오는 죽음을
조용히 맞이해야 하나
꼬랑지 바짝 세우고 걷던 길
밤마다 듣던 주정뱅이 노랫가락
먹어도 먹어도 배고프던 허기에
세상을 온통 혀로 핥아버리고 싶었던 날도
이 밤 지나면 모래 되어 스러지겠지
사람처럼 살고 싶었던 몸뚱어리로
세상 향해 컹컹 소리를 날려 보낸다
쏟아지는 달빛 무심하다

손톱달

죽은 누이 눈썹 닮은
파리한 얼굴로
찬바람 붙잡아 저민
으스스한 빛으로
문지방에 소리내어 다가왔다가
새벽녘
쌩하니 도망 가네요
마당가에 마른 잎만
흩뿌려 놓고
찬 서리 불러다
놀게 해 놓고

시인은 밤늦도록
잠 못 이루고
숲으로 간
누렁이는 소식 없는데

김혜숙

필명 은월 김혜숙
서울시인협회 사무처장
시집 『어쩌자고 꽃』 『끝내 붉음에 젖다』 『아득하고 멀도록』
시전문지 '시마을' 최우수문학상, 계간 '국제문학' 국제문학상 등 수상
coca5610@naver.com

나이 들면서 귀찮아지니 난감해진다
그저 휘둘리며 살기 싫다는 이기심으로
날마다 시 쓰며 매듭을 짓는다
나 자신을 채찍 하면서 또 시에게
매달리며 맘 편히 시를 쓰고 싶다는 이유다

다름에 대하여

원래가 뒤뚱대는
삶이기에 어색하지 않으며
초식동물과 육식 동물이
다르고

사람만 잡식이니
세상에 제일 무서운 것이 인간
그러나 다름을 인정하고 사는 것

그것은 인간의 생각하는
뇌라는 것을 가졌으니 쪼개고 쪼개서
조금의 다름을 인정해야 된다는 것을
날개 있다고 다 날 수 있는 것이 아니며
동물이라고 해서 다 같은 종류
먹이를 먹는 것이 아니듯

세상 사는 방식은 더 쪼개고
다 틀린 것으로
자신이 갖은 이기적 잣대를
대지 않음이다

광화문에서

어느 날 우연인 듯 필연적인 만남
커피 숍에서 달그락대며 마주치고
눈앞에 그 젊은 청초함은 짧고
길고 지루한 늙음은 조잡함이 되어도
당주동 뒷골목은 추억을 더듬는 마주함

쓰고 달달이 달라붙는 연민
그 한땐 내 마음의 잣대를
싹둑 잘라내던 시간도 있었다

한없이 커피 내리는 희뿌연
실내 안은 무엇을 위한 공^{초} 시간이었는지

그 추억 그 찻집 그 커피 그 음악 그 모습은
오랜 길 걸어서 입술 끝에 닿아
내 목젖 깊은 곳까지 역사를 쓰고
사랑이 농익어서 착지하는
끝사랑에 몸부림처럼 뿌옇다

그 향기가 다시 광화문 사거리에서
다시 기억하고 수 억 만년 멀리 돌아서
내 앞에 그 첫사랑은 주름진 손을 내민다

깨닫지 못한 이야기

어느 사이 꽃잎이 주고 가는
설교를 반복해서 탑처럼 쌓다가
혼선이 와서 기억이 쇠했다

그들의 화려한 삶
튼실한 결실의 연막
그로 인한 목적 달성
그 속내를 끝내 알아듣지 못했다

꽃잎의 사후를 맞은
초연의 순간 연막을
짙게 피우다 가는 이유

그 현란했던 순간이
우리에게도 있었음에
열매를 거두고 목적 달성에 이룬
꽃잎이 주는 그 깊은 내력과
간절함 살아내는 동안 알아듣지 못했다

김동성

울산 울주 출생
'소년문학' 동시 신인상(2014)
'세린문예창작' 동인
sshm1004@naver.com

60을 넘었지만 중반으로 시간이 흐르고 봄의 기운에 벚꽃이 피어나는
계절에 다채로운 색채의 옷을 입고 무대 위에서 멋진 모습을
자랑하며 발걸음 가볍게 걷는 모습에 힘이 납니다.
무대 위에서 느끼는 시간의 흐름이 내면의 아름다움으로
피어나길 꿈꾸어 봅니다.

다문화 런웨이

흰머리의 시니어와
검은 머리의 아이가
함께 런웨이에 선다.

오래된 경험과
새로운 열정이
함께 어우러진다.

시니어는 아이를
아이는 시니어를
따뜻하게 바라본다.

시니어는 아이에게
희망을,
아이는 시니어들에게
새로운 삶을 선물한다.

그들의 눈빛은
세대의 벽을 넘어
서로의 존재를 인정한다.

바다의 노래

울산 반구대 암각화,
시간을 간직한 공간
역사가 함께하는 무대

옛날 어부들의 눈물
웃음이 묻어나는 곳
그들의 발자취가 아직도 느껴진다.

고요한 바다 위에 펼쳐진 이야기
반구대 암각화는 그 노래를 영원히 간직하고 있다.

장생포 고래, 울산의 상징
거대한 몸집으로 바다의 왕이라 불린다.

어부들의 함성과 열정이 깃든 고래의 노래
어부들의 사랑을 받으며 더불어 춤춘다.

반구대와 장생포 고래가 만나는 바다
시간과 공간이 어우러지는 그 순간

한편은 옛날 이야기로 젖어들고
한편은 현대의 자화상을 담아낸다.

바다가 지키는 비밀과 사랑의 이야기
반구대와 장생포 고래가 만들어 낸다.

반구대와 장생포에
고래의 노래가 흐른다.

시니어 모델

화려한 무대 위
아름다운 모습
시간이 흘러도
여전히 활기차네

어릴 적 꿈을 포기하지 않고
시니어 모델이 되었네
꾸준한 노력과 자기관리로
오늘이 아름다운 모습들

젊은 날의 추억은
더 이상 중요하지 않네
이 순간이
가장 빛나는 시간

자신감과 열정
끊임없이 발전하는 그대들
멋진 시니어모델로 빛나길

2,

강동희

영남대 국문학과 졸업,
중앙대 예술대학원 문예창작전문가 과정 수료
'월간시' 제3회 '추천시인상' 당선, 등단(2015)
현재 서울시인협회 이사
dhkang1103@hanmail.net

바다는
변함없이 벌렁거리고 있는데
나는 왜 여직 숨 막혀 하는지….

노을 진다는데

저 혼자 흔들고 있는
빈 그네

멈출 줄 모르네요

시와 나의 거리

떨어지는 그늘 흔들던 꽃잎도
잠시 머물다

떠난 빈 그네

어떻게
무엇을 앉쳐

겹게

흔들어 본들

내가 없는 자리

머물 데를 두지 않는다는 것

구원?

진리?

자리가 필요한 것도 아닌데
눈에 두는 곳도 없는데

눈곱?

무엇을 쥐고 무엇을 놓을까요

가도 가도 둘 데가 없는
눈물도 그리움도 무기력 같은
무기력은 아닌

아무것도 있는 것이
없는데

내려놓을 수 있는 것은 다

내가
없는데

내려놓을 곳도 없는
텅 빈 마음 자리

헤매는 것 아닙니다

그냥
아무것도 없어요

사랑?

살구는…

살구는 어디로 갔을까

작년에 거침없이 뛰어내린 신맛

낭자한 혈흔도 없는데 애기 울음도
들리지 않는데 가지를 흔들며 떠난 산새는
벌레를 물고 또 가지를 흔드는데
고개를 갸웃거리는데

푸른 살구는
어디로 갔을까 살구가 있어야 하는데
아직 보여주지 않는 푸른 살구

살구가 되는 길

살구로 가는 길

살구는 어디로
갔을까

천영희

계간 '포스트모던' 신인상으로 등단(2015)
시집 『내 시는 연둣빛』 『가을을 낚다』 『동백꽃은 언제 피려나』 등
현재 서울시인협회 이사
sunok4606@naver.com

일찍 자고 일찍 일어나는새 나라의 어른이가 상념에 젖은 밤이면
새털처럼 가볍게 어둠타고 날아가 버리는 잠. 말똥거리며 구르는 시어
주워 장난감 만들어 보는 새벽녘 얼굴과 팔 다리는 빛었지만 심장에
붉은 피는 아직? 온종일 펌프질 하며 끙끙댄다.
나만의 장난감을 오늘도 내일도 모래도 만들어 갈 것이다.

나만의 장난감

어둠 베고 누워 뒤척이다가 고요 밟으며 살금살금
달아나는 잠꼬대

부스스 일어나 마음 곳간에 켜켜이 쌓인 시어 꺼내
한 땀 한 땀 꿰매어 꿈과 소망이 담긴 장난감을
만들어 본다

어릴적 강가 모래밭에 앉아 만들던 두꺼비집
개구쟁이 바람이 툭 치고 달아나면 다시 만들고
하얀 파도가 꼬집고 달아나면 다시 만들 듯

온종일 혼과 숨 불어 넣으며 어르고 달래어 빚어낸
벌 나비 꽃숭어리들의 향연

해질녘 활자들의 놀이터인 원고지 위에서 하품하며
선잠을 자는 그들

내일은 산꼭대기 올라가 장대로 달을 따서
우리 집 처마 끝에 매달아 놓고
양탄자 타고 세계여행이나 떠나보자

나를 닮은 시어로 만들어진 나만의 장난감을
언제까지 만들 수 있으려나?

겨울을 털어내다

밀폐된 공간에 꽁꽁 갇혀 있던 수북이 쌓인
차가운 먼지들

봄맞이 하려고 햇볕들인 창문 열고
솜이불 담요 탈탈 겨울을 털어내고
고독으로 뭉쳐 있던 우울함도 털어낸다

찬바람 들락거리던 앙상한 나뭇가지에
따스한 햇살 어루만지니 살포시 실눈 뜨는
여린 잎사귀

연둣빛 새싹 반기는 멧새의 청량한 노래 소리에
꼼지락 깨어나는 꽃봉오리

개나리 목련 동백꽃으로 화사해진 봄을 보니
지끈거리던 두통도 뻐근하던 어깻죽지 통증도
사라져간다

파아란 하늘자락 찰랑이는 오후
연분홍 모자 눌러쓰고 안양천 둘레길 꽃구경 가는
하얀 운동화의 가벼운 발걸음

연둣빛 바람이 살며시 손깍지 끼며 함께 가자 한다

아버지의 목소리

　　정월 대보름날 둥근달 쳐다보며
　　당신과의 마지막 작별을 고하던 나이를
　　훌쩍 넘긴 딸이 기억 저편의 음성을
　　소환해 봅니다

　　앞마당 감나무에 주렁주렁 매달렸던 대봉감
　　햇살 먹고 실하게 익어가더니 병충해에
　　끙끙 앓다가 천수 누리지 못하고 담장 아래
　　풀섶에 툭 내려 눕던 날

　　고향 살던 자식들 모두 불러 앉혀놓고
　　객지 사는 셋째 딸 그리워 그리워서 부르시던
　　목소리가 부고장 되던 날

　　꺼져가는 촛불 심지에 촛농으로 얼룩진 목소리
　　'영희야 얼른 오거라 보고 싶다'

　　그득 고인 눈물 가슴에 여미고 집에 도착하니
　　버선발로 반기시던 아버지 목소리 대신
　　형제자매 곡소리가 서까래 붙잡고 흐느끼고 있더이다

　　날아가는 새도 불러 먹이신다던 나눔을 가르쳐주신 당신
　　그곳에서도 휘엉청 밝은 보름달 보며 귀밝이술 나누며 잘 지내시지요

　　보고 싶습니다 아버지

신남준

월간 '한비문학'(2011),
'월간시' 제5회 '추천시인상' 당선으로 등단(2016)
시집 『풀꽃 향기』 『내 생의 어느 날도 똑같은 날은 없었다』
『비 오는 날의 초상』 외
한비문학상, 대한민국예술대상, 부안문학상,
신아문예작가상, 한용운문학상 등 수상
sncone@hanmail.net

매화향이 번진다. 이런 날이면 매화꽃을 그리 좋아하시던 어머님
생각이 난다. 햇살 따스한 봄날의 매화 향기 날릴 때면 재빠르게
달려오실 듯한 어머님이 나는 보고 싶다. 예전엔 미처 몰랐던
어머님의 사랑을 이제 와서야 새삼 절실히 느끼는 기분 참 서글프다.
어머니 보고 싶을 때 난 매화꽃을 바라만 본다.
어머니 얼굴이 꽃 속에서 환히 웃고 계시기 때문이다.
매화향기에 젖어 그리움을 담아서 시 한 편 쓰는 날이 난 참 행복하다.
하루가 짧아 벌써 저녁노을이 붉다.

매화꽃

세월을 빨리
보내고 싶었을까
달빛 시린 밤
하얗게 흠뻑 젖었다

울 어머니 맨 먼저
봄을 사랑한 이유
너의 순수한 까닭인
탓이었을까

뽀얗게 부풀은 가슴
확 터져버린 자리
청아한 숨결로
향기 가득 흐르고

아침 햇살은
살포시 내려와
빛 부시다
그 하얀 순수

동백의 사랑

지나친 시련의 분노
터져버린 핏덩이
왜 하필 지금인가

사랑은 아픈 거라서
사랑을 앓고 마는
붉은 정념의 흔적

살아 있을 그 때도
생명 끊겨 떨어질 때도
등불 밝혀 눈부심

한 겨울 살다가
비로소 붉어진 얼굴
부끄러움 모르는 요염

피었을 때 예쁜 자태
떨어져도 그대로라
저 붉은 동백의 사랑

느티나무

동네 어귀에
느티나무 한 그루
버티고 서 있다

내 나이 몇 배 쯤 될까
몸통도 크고
뻗은 가지도 셀 수 없다

햇살 가려주고
바람도 머물다 가는
이야기의 샘터

아들 자랑 딸 자랑
힘껏 퍼 올리는
도란도란 얘기 꽃

느티나무 아래로
그득히 떨어질 때면
저녁노을이 붉다

조장한

'월간시' 제8회 '추천시인상'으로 등단(2016)
시집 『가끔은 가늘게』
dpjjh11@naver.com

외로울 때나, 보고플 때나, 서러울 때나 그냥 흘려버려 두 듯
의미 없는 흐름인 듯 쌓아둔 흔적 가끔은 메모장에 담아두고,
가끔은 지나가는 시간 속 나그네 되어 힐끔힐끔 희미한 미소가 파동칠
수 있는 흔적 같은 글, 조각 글로 남겨진, 짧은 시로
간직해 보련다.

봄 오는 길목

봉제산* 둘레길을 돌며 만나는
개나리, 진달래, 산수유, 매화,
목련, 박태기꽃, 민들레, 제비꽃
겹겹 꽃잎 속에 새겨진 미소를 본다

반가운 임들 그려 보며
속절없이 스며드는 봄의 길목
님의 미소가 아른아른 스쳐
가슴속에 슬며시 다가서 옴은

봄 탓 만일까
그리움 그 탓 만일까
못 잊으면 그 탓 만일까
나도 모르는 설렘의 계절

봉제산 : 117.3m 서울시 강서구에 위치한 나지막한 산으로
삼국시대 백제 군사들이 봉화를 올리던 봉수대가 있던 산.

사랑하고 싶은 때

첫 아이 태어나
세상을 향해 첫울음 소리로 외칠 때
철모르던 국민학교 시절
책상과 같이 쓰던 짝과 결혼할 거야 소리치던 때
사춘기 시절
스스로 철학자 되어 이성을 남자·여자로 보이던
사귀고 싶다, 사랑하고 싶다 생각될 때

나

결혼해야겠다 콩깍지 끼어 당신 아니면 안 된다고,
당신을 놓치면 세상의 끝, 더는 못 살 것 같은 시기
결혼식장 내 아내를 보았을 때

나

병아리 구구구 어미 따르는
따사로운 봄 햇살 새싹 올라오는 양지바른 곳에서
손주·손녀를 돌보고 있는 망중한忙中閑을 즐기는
시간을 보내고 있을 때

국회의원 선거

　혹 주머니 달고 뱉어 버린 말·말·말.
　수술로 없앨 수 있으련만 현대 의학 기술로도 못 고쳐
　사용할 수도 없는 말·말·말
　말 한마디로 죽고 사는 세상

　누군가는
　옳은 말만하는 주머니 차고
　긍정적 사고와 희망을 주며 살아가고
　누군가는
　옳지 못한 말 주머니 차고
　제 살길 만 보고 사는 철면피로 살아가고

　인생은
　검은 말, 흰말 주머니 한 개씩 차고 태어나
　가끔은 쓴소리 가끔은 달콤한소리
　조화롭게 살아야 하건만 태어나
　밥상머리 인성 교육으로 인격이라는 것이 형성되건만
　요즘 시간 절약으로 인성 교육이 삭제된 간편식으로
　밥상머리 교육이 실종된 지 오래

　철면피들만 제 세상인 양 눈치 안 보고 살아가는 모습
　그것이 제일인 양 따라 복습하는 좀비들이 난무하는 세상
　눈 뜨고 볼 수 없으니
　어찌할꼬
　어이할꼬

홍찬선

계간 '시세계' 신인상으로 시 등단(2016)
시집 『틈』, 『독도연가』, 『서울특별詩』 1,2,3,4, 『시시때때』
『꽃과 나무와 숲의 시』 등 17권
'월간시' 제정 '올해의 시인상' 등 수상
hcs0063@hanmail.net

시 쓰기는 새김질입니다. 등잔불 아래서 코가 새카매지도록
책을 읽던 추억과 학교 끝나고 자연을 스승 삼아 송아지 딸린 소를 풀
뜯기다 무릎에 벌 쏘여 퉁퉁 부었던 자리에 아직도 흉터가 남아 있는
것과 새벽과 궂은날이면 엄마 아부지가 가마니틀에 나란히 앉아 가마니
짜는 소리 들었던 시간을 새김질해서 시로 써 봅니다. 뽕잎 맛있게 먹은
누에가 하얗게 뿜어내는 아름다운 비단실을 닮으려면 아직 갈 길이
멀지만, 언젠가는 그런 날이 올 것을 믿으며 오늘도 시 한 편을 씁니다.
이 땅을 살아가는 사람들의 기쁨과 슬픔을 함께 하면서…

목매기와 꼬맹이

목매기는 꼬맹이의 벗이었다
모든 것 되비치는 맑고 밝은 눈망울에
파랑새 꿈 풍덩 빠뜨리고
여린 두 팔로 목을 껴안으면
음매애에 매애에 음매애에 매애에…
어미를 부르면서도 달아나지 않았다

어미도 알고 목매기도 알았다
꼬맹이가 목매기를 괴롭히는 게 아니란 걸
꼬맹이는 심심해서 같이 놀자는 거라는 걸
꼬맹이도 해와 달 심술의 포로가 된다는 걸

꼬맹이만 몰랐다
목매기의 코가 뚫리고 어깨에 멍에가 씌워질 때
힘 떨어진 어미는 목매기 걱정하며 살신공양한다는 걸
목매기의 목매기가 코 뚫리고 어깨에 멍에 씌워질 때
목매기도 어미를 생각하며 살신공양 눈물 흘린다는 걸

꼬맹이는 한돌 되었을 때 겨우 알았다
목매기의 울음과 어미의 눈물 덕분에
보릿고개 넘었다는 걸
시인 되어 천방지축 나다닌다는 걸

엄마 아부지의 사랑 가마니

츠르르륵 털썩
츠르르륵 털썩

엄마는 바늘로 볏짚을 넣고
아부지는 바디로 힘껏 내리쳤다

츠르르륵 털썩
츠르르륵 털썩

한치의 어긋남도 없이
바늘과 바디가 장단을 맞췄다

츠르르륵 털썩
츠르르륵 털썩

아부지는 궂은 날 막걸리 거르고
엄마와 사랑방에서 사랑 가마니를 짰다

츠르르륵 털썩
츠르르륵 털썩

호미곶이 전하는 말

　김과 미역과 문어와 가재미가 오케스트라로 빚어내는 물큰한 비린내가 밤새 달려온 피곤을 덥석 끌어안았다
　밤이 길다며 뿌연 동살이 퍼질 때부터 날아오른 갈매기와, 때와 곳을 가리지 않고 약방의 감초처럼 껴드는 촐싹 참새와, 밤과 낮을 교대하는 고기잡이배가 발간 노을과 범벅이 되어 눈부시게 새날을 마련한다
　나직한 바다안개와 내 마음 풀어놓은 새털구름과 앞서거니 뒤서거니 오가는 사람들이 어우러져 가슴이 벌렁벌렁 조여오는데
　불쑥 떠오르기가 부끄러운 듯, 첫사랑 볼연지를 살짝 바른 듯, 사뿐히 즈려밟고 오르라고 마련한 장판물결 위의 잉걸불인 듯, 가슴 억누르던 멍에를 말끔히 쓸어버리는 듯,
　솟구치다 머뭇거리다 펼치다 솟구치다 머뭇거리다 펼치다…
　드디어 부챗살로 온누리를 밝히는 첫해가, 한머리에서 가장 먼저 떠오른 불덩이가 바다를 달려 품에 꿈을 심었다
　사랑이다, 아낌없이 모든 것 쏟아주는 큰마음이다
　가르침이다, 범이 미더운 건 중심을 똑바로 잡는 꼬리에 있다
　깨우침이다, 다름이 끊임없이 되풀이돼 꼬리를 되찾은 범이 머지않아 포효할 것이라고 전하는 말을 몸과 마음으로 듣는다

이한센

서울 출생
'월간시' 제9회 '추천시인상'으로 등단(2016)
현 브라운아이성형외과 원장
hihansen@hanmail.net

해는 어제 그 해가 뜨고, 별도 태고의 모습 그대로건만 세상은
시시각각 달라지는 물결처럼 이리저리 굽이치고 불쑥 솟았다가
별안간 꺼져 사라지고, 언제 그랬냐는 듯 조용하다가 와장창 무너지며
아우성이다. 그래도 시인의 마음에는 시간이 늦게 흐른다. 세상은
거칠고 흉흉한 소리 끊임없어도 시인의 마음은 고요하다. 세상을
살면서도 세상에 있지 않고 풍랑 속에 비를 맞아도 옷이 젖지 않는다.
보이지 않는 것을 바라고 소망하는 것들을 느끼며 살아간다.
시인은 시인인 까닭에 말없는 대화를 하고 소리없이 저항을 한다.

잡초의 꿈

거울을 들여다보니

낯선 할배가 마주하고 있네

네 놈은 누구냐

그러는 너는 누구냐

수도 없이 가르치고 일렀건만

아직도 한심한 몰골이군

그러니 어쩌겠나

애초에 거두지 말았어야지

잡초는 잡초일 뿐

기다린다고 삼뿌리가 되겠나

잡초는 잡초처럼 사는 것이고

삼은 삼으로 사는 것

그래도 잡초에게는 흙이 있고

해가 들고 바람이 닿고

비에 젖는다

인생은 후덜덜

말빨은 화려한데 행동은 없으니 후덜덜
정의는 어디가고 불의가 판치고 잇으니 후덜덜
사랑은 가뭄인데 미움 다툼 넘쳐나니 후덜덜
생각은 가득한데 몸은 이불속이니 후덜덜
함성은 요란한데 배는 맨날 산으로 가니 후덜덜
나눔 부르짖어도 부자들은 돈잔치 후덜덜
늙기 싫어 발버둥쳐도 다가오는 마지막 후덜덜
아무리 따져봐도 허물만 가득하니 후덜덜
인생은 후덜덜

백구야

하루종일 사람나간 자리에서
집 지키느라 여념도 없이
몇 시간을 뚫어져라 대문만
바라보는구나
짖어도 아무 대꾸없는
땡그랑 해가 서쪽에 박혀도
주인은 오지 않고 사방은 어두워가네
어느덧 들려오는 걸음소리
가장 먼저 주인을 알아보고
튕겨져 일어나 꼬리가 돌아가는구나
사람이 네 놈만 같았어도
집문서 땅문서 곳간 쇳대를
다 맡겼을 것인디
아무래도 너만 못하니
네게 배워야겠구나

임하초

고향 세종시
'월간시' 제9회 '추천시인상'으로 시 등단(2016)
'월간시' 제정 '올해의 시인상 2018' 수상
현재 시인문학회 회장
시집 『영혼까지 따뜻한 하늘 우러러 보다』 『나는 시소를 타고 있다』
hacho3232@naver.com

좋은 시 잡지를 매달 발행하는 것은 축복입니다.
'월간시인' 창간 1주년을 축하하는
'올해의 좋은 시 2024' 시인문학회 앤솔로지를
기쁜 마음으로 출간하게 되었습니다.

은총

낮은 곳으로 고개를 떨구는 것은
차가운 눈물 보이기 싫어서입니다
언제부터인지 손도 차고 입도 차갑고
말은 더 차더이다

아직 발이 따뜻할까
떨구어 보니 그곳은 더 차가워
무릎이 떨고 온몸이 떨려 옵니다

신이시여! 은총을 베푸소서
내 심장만은 식지 않게 하소서

눈을 들어 하늘을 우러러 간청합니다
따뜻한 손으로 차가운 입을 어우르고
무딘 발을 주무르게 하소서

뜨거운 눈물 한 방울 흐른다면
무릎에 힘이 내릴 때면
사랑의 걸음걸음 봄으로 살으리다
내 심장에 은총을 베푸소서

물은 연하지 않다

거스르지 않는다 절대
순리만 좋아한다
태생이 그렇다

들어선 물체 안고 산다
그렇다고 나를 파괴하지 않는다
태생은 지킨다

제 흐름으로 갈 뿐
아무 데나 퍼질러 있지 않는다
억지도 못 부리는 태생이다

세상에서 가장 연하다
아무리 구부려도 꺾이지 않지만
제 모양 주장도 안 하는 태생이고

고유의 색상도 없지만
그래서 하늘도 깊이 들어와 있나 보다
태성머리가 구름 간지러움도 참는다

진짜 그녀의 태생은 맑음이다
벌써 혼탁해진다면
다시 이슬이 되려 처음의 새벽으로 간다

종달새 노래 드높다

냉이꽃 핀 들길을 달린다
아지랑이 바람에 배꼽 가렵고

진흙덩이 얼었다 녹았다 겹겹이 쫓아와
동생이 매달린 듯 터덕대는 이른 봄날에

보랏빛 풀꽃 위로 종달새 소리
맑고 청아하게 아름답게 드높아

개울가 얼음장이 깨지고
그 틈으로 버들강아지 봄 기운 턴다

쑥이 쑥 자라고 냉이 냉큼 다가오고
꽃다지 화려하지 않게 피어난 위로

종달새 노래 더 높아
연두빛 봄 드레스 한 겹 더 치장하는 날

김정필

계간 '문학사랑' 신인상(2017)
시집 『바람의 뜰』 『시간을 지워도 그리움은 남는다』
junepkim@hanmail.net

봄은 나이를 먹지 않는지 해마다 연둣빛 살랑거리며
별별 꽃들로 새롭게 찾아온다. 언제나 다른 빛깔 다른 얼굴이다.
봄은 늘 청초한 생기로 마음을 설레게 한다. 새롭게 찾아오는 봄처럼
시를 새로운 그릇에 담을 수 있다면, 가슴에 닿는 시를 쓸 수 있다면…
그저 바람으로 사라지지 않기를 바란다.

불협화음

봄을 잉태한 만삭의 바람
계절의 징검다리에서 난산 중이다
시시각각 조여오는 진통
사방이 떠나가도록 울부짖는다

헐벗은 밤나무에서 곤두박질치다가
울퉁불퉁한 땅바닥을 기어다닌다
차디찬 얼음장을 두드리다가
메마른 갈대숲을 후려갈긴다

안간힘 쓰며 쉴 새 없이 쓰는 변주곡
무반주의 오르락내리락 엇갈린 소리는
해빙을 위한 간절한 몸부림
내면의 불길 솟구치는 침묵의 아우성
질서 찾아가는 불협화음은 조율 거부한
하늘의 장엄한 오케스트라

꿈쩍 않던 동토의 자궁이 열리고
뽀얀 속살 드러낸 매화
봄이다!

바우길에서 쓰는 꽃편지

봄 오다말고 꽁꽁 얼어버린 대관령
성난 돌개바람 호령하며 쫓아와도
바우길은 언 손 녹여주는
아늑한 꽃숲
얼레지 제비꽃 별꽃 현호색 진달래…,
길섶 가장 낮은 자리에서 덤불진 곳까지
거미줄 같은 길 내고
꼬물꼬물 배냇짓한다

꽃빛으로 환해진 숲속
새 소리 골짜기 넘나들고
고갯마루 오르는 바람
나무들 어깨춤 춘다

헛꿈이라도 좋아
노란 별 품은 노랑제비꽃
바람에 몸 담근 바람꽃
별 무리 숨어드는 별꽃
나 여기 작은 풀꽃으로 살고 싶다

쑥 향기 맡으며

꽃샘잎샘 시샘해도
온 누리에 풀빛은 살아나
쑥 향기 봄소식 전한다

하늘이 물명주처럼 부드러워지고
바람이 남실남실 불어오면
옷자락 나풀대며 밭둑으로 내달리던 유년
개구리처럼 폴짝대며 쑥 한 줌 뜯고는
동무들과 종달새처럼 마냥 조잘대던
그 봄 그리워
바구니 끼고 들녘을 기웃거린다

사시사철 여름인 남쪽 나라 땅에서도
마음이 먼저 봄 길을 알고
제비 날개 타고 고향 하늘을 날았다

후추, 케이퍼보다 고춧가루, 마늘이
파슬리, 샐러리보다 미나리, 쑥이
입맛에 맞는 것을 보면
나는 분명 곰할머니 웅녀의 후예

그리움에 체한 가슴 뻥 뚫게 하는
쑥의 신비한 마법에 취해
웃음 터지는 날이다

이종범

'월간시' 제11회 '추천시인상'으로 등단(2017)
현재 회사에 다니면서 시작 활동 중
jbl0208@naver.com

중년을 맞고 보니 삶의 의미가 새롭게 느껴지기도 하고
또한 이 나이에 더욱 희망과 꿈을 붙들고 살아야 하지 않을까 하는
생각에 시를 써보았다. 시를 읽어 주는 독자들이 좋은 느낌을
받았으면 좋겠다.

곳에 따라 비

긴 겨울의 여운을 벗겨내는
봄비
곳에 따라 기쁨이기도
슬픔의 눈물이 되기도 하는

귓바퀴에 톡톡 떨어지는
투명한 속삭임들
되살아나는 추억의 조각들

때때로 얼굴빛 바꾸는 비
그러나 언제나 같은 마음으로
세상 속에 생명을 키우네

우리는 모두 그 빗속에서
삶을 적시며
기쁨에 때론 슬픔에
삶의 의미를 찾아가는 여정

곳에 따라 비

밝은 인생

봄바람 속에 깨어난
눅눅하고 침침한 겨울잠
따스한 기운에 눈을 뜬 새 생명들
서서히 박동치는 가슴

푸른 하늘 아래
힘차게 돋는 여린 잎사귀들
그 사이로 거니는 봄바람
대지의 울렁임에
시작하는 새로운 삶

어두움과 시련의 긴 터널 끝
마주하는 따스한 봄
만물의 시작
그 속에 꿈과 희망이
파노라마처럼 물결친다

밝은 내일을 향해 내딛는
풍요를 약속받는 꿈들
봄날처럼 시작하는
희망찬 인생길

모든 시작이 봄처럼 아름답기를
항상 봄볕같이 따스하기를

빈 공장

기찻길 옆
과거의 몸짓을 잃은
치매 환자처럼 퀭한 빈 공장
한때 그곳은 활력이 넘쳐났었다
열차 창문 너머
세월의 무게 속에 짓눌리며
연기처럼 사라져버린 시간들
쇠어버린 머리카락
퇴행성 질병처럼
곳곳에 잡초와
건물 외벽에 찌든 때
쓸쓸함이 켜켜이 쌓여있다
어느 날처럼
열차는 그 옆을 달리고
제 몫을 감당하지만
세월 앞에 서면 무력해지는 모든 것
그렇지만 저 퇴락한 공장도
새롭게 변모하리라
삶이 계속되는 한
희망은 찾아오리라

심재옥

강원도 춘천 출생
'월간시' 제12회 '추천신인상'으로 등단(2017)
시집 『파도가 날으다』
현 (대교)인천 능허대 러닝센터 교사
stingtree65@naver.com

목련 꽃그늘 아래서 베르테르의 편지를 읽지 못하여
련에게 편지를 썼다. 우아한 련에게
나는 또 반하고 말았으므로….
나의 봄은 목련 꽃만으로도 충분했네.

마티스의 식탁

숟가락 위에
초원을 달리던 바람이 식탁에 머물다
하얀 밥알보다 말갛게 떨어진다

달리아꽃 같았거든
언어의 유희처럼 그림도
그들의 길을 걷고 있다

하얀 화병에 피어있는 꽃은
긴 얼굴에 화려한 모자를 쓴 모나리자 같아
오물오물 밥알을 씹다가
새의 부리에 밥알을 놓아두고
유리잔에는 물을 따라주고

호젓한 길 걷다 돌아 온
간소한 밥의 시간
낮은 식탁에선 꽃이 잘 피어난다

색깔이 골똘히 생각에 잠기면
선명한 선이 된다
사계절 지지 않는 꽃들과
화병이 그려져 있는 작은 식탁엔
밥도 향기로워지는
마티스의 마술이 시작된다

비의 예보

비는 그쳐서 맑은 매듭으로
아침을 여미고 있을 때
안개의 속살은 강으로 풀려나가고

강에 나서는 것은 외로움을 보러 가는 길
강에는 외로운 영혼이 사는지
혼자 가지 않아도 혼자서 돌아오는 길
빗장을 잠가둔 갈대밭에 서있는 그대를
내가 데리러 갈게요

아침 커피향이 마법에 걸린 사랑을
해독하지 않는다면
차라리 깨어나지 않는 마법이었으면 좋겠네
커피는 마법에 걸린 내 사랑의 양식이고
그대는 해독되지 않는
내 영혼의 양식이어요

목련이 질 때까지

사랑의 흰 그림자이기에
우아한 꽃그늘 아래서
그리 뜻깊은 것이었지

베르테르는 오지 않고
눈물은 희지도 못하여
가느다란 목이 더 슬프구나
우체통 앞에 선 여인은
우체통보다 오래 살았다

핏기 없는 입술에
우체통 닮은 빨간 립스틱
발라주고 싶다

단 한 번 블라우스 단추 풀어놓은
여인의 품속에 갇힌 흰 오후
가장 궁금하고 너른 본집에 사는 여인을
노을이 질 때까지 우러르고 싶다

김병준

'월간시' 제12회 '추천시인상'으로 등단(2017)
서울시인협회 시문학회장 역임(2020)
제1회 자유민주시인상 수상(2020)
0007bj@naver.com

내가 사는 동네는 강산골(부천 고강동)인데 유독 초.목. 인(草木人) 셋에 매료되어 지낸다. 이들에 이끌리어 해마다 친근해져 가더니, 이제는 하루가 멀다 하고 찾게 되는 것이다. 말하자면 사시사철 이들을 만나며, 무디고 검불 같은 나의 성정을 애써 버리고 벼려보는 것이다. 차제에 초.목.인 셋에 내 생애의 한 시절을 접목하며 서툰 시적 데생을 시도한다. 아울러 시인 변영로의 고결한 시혼이 내게 빙의라도 되었으면 하고, 감히 '꿈에나 뵈올 임'을 소원하며….

소리쟁이*1

바람이 너를 흔들 때
말 하지 않으면 숲이 노하리라
히말라야에서 나부끼는 오색 깃발처럼,
소릇소릇 바람에 닳아 없어질 때까지
너는 흔들리며 오롯이 견딘다
대지에 내리는 초우^{初雨}를 맞고
민초의 들에서 소리 지르며,
때론 안데스의 홍학이 되어
어느 광장의 함성에 날갯짓한다
또한 너는,
23.5도 기울어진 이 행성에서
어둠의 용종을 떼어 내기 위해
시련의 날을 벼리리라
더는 아픔이 없는 오늘
더는 종양이 없는 내일을 향해
두 동강이 난 이 땅에도 뿌리를 내려,
황금빛 동방숙^{東方宿}이 된다

*소리쟁이 : 별칭 우설초, 뿌리는 양제근, 동방숙,
우이대황 등. 다양한 약성이 있는 생약재이다.

천도 天桃

혈기 마른 가지에
귀히 닿는 손길

아무 공로 없어도
무한 거두시네

사는 것이 은혜인가
시절마다 거룩한 안수按手,

사뭇 부끄럼 감추고
알알이 영그는 너는

꿈에나 뵈올 임*을

꿈에나 뵈올 임을 생시에 뵐까하여
강상골** 둘레 길 찾기는 찾았으나
넋마저 홀연 흔들리고 흔들리어
임 계신 곳이 꿈인지 생시인지

아, 길은 있어도 낯설고 황망하여
땅과 하늘 사이 억겁이 격隔해 있고
오백 년 향나무 저만 홀로 푸른데
해설픈 시혼詩魂 꿈인지 생시인지

*시인 변영로 '생시에 못 뵈올 임을' 패러디 함.
*강상골 : 부천 고강동에 소재한 변씨 종중 산

김근숙

'스토리문학'에서 시 등단(2015)
동인지 『꿈을 낭송하다』 『달큰한 감옥』 다수 출간
현재 농림축산검역본부 근무
kskim77@korea.kr

「덩굴손 힘처럼 살아간다면」은 덩굴손을 뻗어 높이 자라나는 모습을 보고 연하고 부드러움으로 당차고 지혜롭게 살아가는 식물의 모습이 경이로워 쓰게 되었고, 「아버지의 차비」는 친정아버지가 '차비'라고 주시는 용돈에 대한 이야기로 오래도록 살아 계시길 소망해 보는 마음을 적어 보았고, 「한 가지 후회」는 어머니에 대한 시입니다. 지금은 저랑 함께 놀지 못하는 어머니 모습이 안타까운 제 마음을 담았습니다.

덩굴손 힘처럼 살아간다면

푸른 창공 향해
올라가고 싶을 때
연하고 가냘프다고
주저앉아 망설인다면
한순간에 온 힘 다해
버팀목 휘어감고
버텨 보라

안개 덮인 숲속
사방이 흐릿하여
암담한 바닥에서
안절부절 헤메일 때
덩굴손 촉감으로
한 발 한 발 내디뎌 보라

강한 비바람이 삶을
마구 흔들어 놓을 때
쓰러지지 말고
덩굴손 용수철처럼
팽팽하게 솟아올라
견뎌 보라

아버지의 차비

가끔씩
시외버스 타고
또 다시 마을버스로 갈아 타고
친정집에 갈 때가 있다

기다리는 시간도
무거운 짐 보따리도
마을 구석구석
빙빙 돌아서 가는 시간들도
모두 그리운 추억 여행이다

미리 나와 서성거리며
버스가 도착하기를 기다리시는
멀찍이서 손짓하는 그리움
뚜렷하게 보인다

돌아올 때마다
주섬주섬 차비 쥐어주시며

버스 뒤꽁무니 사라질 때까지
붙박이로 서 계시는 아버지
깊은 주름살 사이로
애틋함이 흐른다

언제까지 차비를 받을 수 있을까
언제까지 떠나는 버스 뒤에서
손 흔들 수 있을까

아버지 호주머니 속
주고 싶은 차비 봉투가
봄, 가을, 겨울까지
나를 기다리고 있다.

한 가지 후회

만나고 싶어
꽃들이 속삭이고
나무들은 살랑살랑
푸른 잎 편지를 보내고
먼 산에서는 어서 오라고
메아리를 보낸다
물속 송사리도
꼬리 흔들며 놀자 한다

매일매일 신나게 놀았다
그러다 보니
엄마와는 못 놀았다
다리 아프다고
손사래 치신다
진작에 놀자고 할 걸….

김민자

충북 보은에서 출생
전 서울시교육청 산하 초중등학교 행정실장
'문학21'(2001), '에세이 문학'으로 수필 등단(2010)
'월간시' 제14회 '추천시인상'으로 시 등단(2017)
수필집 「풍경소리 들리는 길」 「A형남편과 B형아내」
시집 「까치밥」 「민들레의 절반은 바람이다」
「왜 레몬이란 단어를 읽으면 침이 고일까」 「하품은 맛있다」
musanhang@hanmail.net

어느 날 화장실에서 만난 염낭거미 한 마리 정지된 동작이 궁금해서
괜찮아? 하고 건드려 보니, 깜짝 놀란 그녀가 내 얼굴을 빤히 쳐다보면서
오히려 나보고 세상살이 만만치 않다는데,
너 괜찮아? 하고 묻는다

괜찮아?

화장실에서 만난 염낭거미 한 마리. 다리 여덟 개가 길쭉했지. 어디로 들어온 놈일까? 나는 놈을 조심스럽게 집어 따뜻한 보일러 계량기가 있는 곳에 옮겨놓았지

거미는 숲속의 집 버리고 도시 아파트 공간으로 이사를 온 게 아닐까. 겨울을 따뜻이 지내기 위해서. 그녀는(늘 눈에 띄는 것은 암컷이니까) 오랫동안 움직임이 없었어. 다음 날 아침에 보니 거미줄을 촘촘히 연결해서 둥근 그물망을 만들어 놓았지. 허공 위 투명 집이라고나 할까. 그들은 거미줄로 포획한 곤충의 몸에 소화액을 주입한 뒤, 그 체액을 빨아먹는다지.

너무 오래 정지된 동작이 궁금해서 괜찮아? 살짝 건드려보니 깜짝 놀란 그녀가 내 얼굴을 빤히 쳐다보는 거야. 거미는 거미의 시간을 잘살고 있는데 그녀는 내가 어떻게 사는지 궁금한 듯 되묻는 것 같았어. 괜찮아?

생각나무 속에 사는 여자

나는 늘 푸른 나무
생각에 생각을 이어나가는
생각나무다

예쁜, 미운, 즐거운, 슬픈,
슬기로운, 어리석은, 시끄러운, 조용한, 긴, 짧은 생각…
생각의 씨 골라서 화분에 심고
날마다 물 주며
꽃피우기를 기다린다

생각이 나를 꽃 피게 한다
가정에서 동동거리느라
꽃도 열매도 없이 시들어가는 것 같지만
오늘 하루도 용케 견뎌낸
나의 생각나무를 끌어안고
기특하다, 애썼다, 보듬어주련다
손바닥 만한 화분 속에서 살아내느라 고생 참 많았다고

욕심, 이기심, 복수심….
울퉁불퉁한 놈들이 나를 몇 번 넘어뜨린 적 있었지

생각이여
선한 싸움을 하자
세상을 이기는 나무가 되어
큰 그늘을 내릴 것이니

벽이 된 문

하나님은
사람과 사람 사이에
소통의 문을 만들어 주셨지

활짝 열면
그 작은 통로를 통해
우정이 오가고
사랑이 싹트기도 한다

문을 연다는 것은
모난 구석 없이 나를 낮춘다는 말
둥글게 펼쳐서
받아들일 준비가 되어 있다는 뜻이다

안과 밖은
한번 끝을 살짝 꼬아주면
메비우스의 띠로 변해
하나의 존재가 되기도 한다

요즘은
너무 오래 닫아 두어
벽이 되어버린 문이 너무 많다
나의 문은 제대로 열려있는지
가끔 굽어 살필 일이다

김태선

세종시 전의에서 태어나 현재 안산에 거주
'월간시' 제14회 '추천시인상' 당선(2017)
계간 '스토리문학' 시조 등단(2018)
시집 『공작기계는 삶과 꿈이다』
시조집 『어머니의 빈의자』
'한반도문학상' 시조 부문 본상 수상
taesun891@naver.com

앞으로 더욱 더 관찰하고 공부하여 시 쓰기를 해야겠다고 결심했습니다.

바다의 꿈

심연의 바다
넓은 파도 작은 섬

푸른 바다
밀어내고

수평선 움직이는 곳
내 가슴 활짝 펴고

희망과 꿈
세계를 향하여

파도치는 바다
그대와 달려가고 싶다

송편

밤송이처럼 아우성치는
솔 잎사귀를 훑어내리면
보송보송한 녀석들은 대바귀에
이부자리를 만든다
봄날과 여름날 그리고 익어가는 가을
꾹꾹 눌러 송편을 담아온다
드라이진의 향기를 먹은 초승달은
은은한 향이 흐르고
어머니의 사랑 숙성되어
피곤한 하루를 쉬고 있다

동탄 수목원

높은 하늘을 쳐다본다
울긋불긋 뚝뚝 떨어지는 오색 단풍
넓은 연못처럼 물이 고인 곳
푸드득 헤엄치며 물장구치고 있는
청둥오리 무언가 콕콕 잡아먹고 있다
어쩌면 그리 평화로울까
너무 부럽다
열대 식물원엔 소철 야자나무 서양란 꽃
탐스럽게 펴 내 마음 사로잡는다
흐르는 연못엔 금붕어 꼬리치고 있다
빙빙 돌고 돌며 찰칵 찰칵 사진 한방
미소 짓는 그대 모습 천사 같다
새겨진 숲 환경 인간 앞 포즈
활짝 웃으라며 손 한번 잡으라며
단체 가족사진 셔터 누른다

우거진 소나무 숲
빨갛게 익어가는 산수유 열매
족두리 꽃무늬 너무 예쁘다
뚜벅뚜벅 발걸음 소리
껄껄 호호 웃음소리
동탄 수목원 하늘 맑고 푸르다

남민우

'월간시' 제15회 '추천시인상' 당선으로 등단(2017)
교사생활을 마친 후 현재 귀촌, 귀농 중
waterban@naver.com

그땐, 그랬다. 학창 시절, 어쩌다 국어 시간에 선생님이 가슴으로 읽는 인생 시라며 소개해줄 때가 있었어. 그러더군, 시험에는 나오지 않을 거라고 그래서 들어보았지. 별빛 같은 그리움으로, 마냥~! 시가 그랬다, 내게는~! 살다가 보면 그냥 그렇게 젖어 들다 푹 담그고 나면 편안해졌다. 가슴이, 그렇게 복잡하던 세상이, 우주가 열렸다. 평화로~!

한옥 구조의 모순

한 채는
안살림을 도맡아 하는 이가
그 주인이라 주장하고

다른 한 채는
바깥 살림을 맡아 주관하는 이가
주인장이란다.

그럼 두 집이라고 해야지

엄연히 건물도 두 채고
따로국밥처럼, 각각 서로 주인이라 주장하고 있으니
분리 독립을 해야지

일심동체라지만
부부유별을 담아내려 고심, 모순의 모순을
모순으로 담아내려 했던

어찌하랴, 삶의 혜안이었던 것을

돌탑 쌓기

쓸모없는 돌멩이는
하나도 없었다.

쌓고 있는 내가 모르고 있을
뿐

버림받은 듯, 존재감 없이
아무렇게나 방치된 돌멩이라도
하나하나 모아

돌탑으로 쌓아가는 이의 혜안이여

하늘은, 내게
단 하루도 쓸모없는 날을 내리지 않는다, 내 인생
꽃 피고 결실하기 위해

단지, 그렇게 못하고 있을
뿐

진정한 여행

여길 보고 저길 가 봐도
그저 그렇고 그런 세상사들
뿐

다 접고, 나를 찾아
내가, 나를 만나 나에게로 나아가는
이 길을 향하여

떠나는 거야

마이웨이,
저녁에서 아침으로 아침에서 저녁으로 이어지는
이 길

그래, 그 누구의 삶도 아닌
나의 하루, 오롯이 내 인생길을
향하여

행복의 나라로 가는 길

하늘나라 가는 길

명재신

전남 고흥 나로도 쑥섬 출생
'월간시' 제15회 '추천시인상'으로 등단(2017)
'월간시' 제정 '올해의 시인상' 수상(2020)
시집 『아라비아 사막일기』 『쑥섬 이야기』
현재 GS건설 사우디 법인 근무
ccw33kr@naver.com

모래바람이 지나가고서 별처럼 많은 노란 꽃들이 사막에 피어나 나비도 부르고 바람도 부르는 세상이 오면 집으로 돌아가는 날이 올 거라고 생각을 합니다. 모두가 그립습니다

꽃이 지도다
-알코바 연가 45

오는 꽃을 보았으랴

무수의 별들 다녀가고도
무한의 바람 지나가도록

모래알만큼이나 많은 꽃
머물 땅이 없어서였겠지
다녀간 사막나비 날개짓
시선만 지나쳐 갔으리

이제야
내 마음에 바람은 자고
그제야
꽃이 지도다

그래서
가는 꽃을 보았을 뿐이다.

세상을 위하여
-알코바 연가 46

사막에 나가서 물을 주라고 하네 아무 것도 없는 막막한 사상을 깨우라 하네 구름도 비껴가는 내 황망한 생각을 깨우라 하네 어디라고 살아 남은 생령들 있으랴 마는 비어져 가는 가슴이라도 채우라 하네 아직도 발아하지 못하고 있을 씨앗들의 영원을 깨우라 하네 영면을 일으키고 움을 내어서 꽃대도 올리고 꿈도 틔우라고 하네 나비도 부르고 바람도 불러서 잠시 잠깐이라도 함께 춤을 추는 세상 만들어 놓으라고 하네 하다 하다 안되거든 이른 새벽 그믐달에 머리를 조아리고 남은 육신이라도 풀어 놓으라 하네.

끝을 향하여
-알코바 연가 47

결국 끝은 있다네

끝내고도
끝내지 못한 채로
사람들 떠나가고 있네

달의 길로 가고 있네

남아 있는 우리는
남은 짐을 나눠지고 다시
사막으로 들어가고 있네

해의 길로 떠나 가네

끝이라고 생각되는
끝까지 가야 한다네
남은 시간을 일으켜 세워야 한다네

별의 길로 가야 한다네

가고 가다보면
돌고 돌다보면

집으로 가는 길은
열리리

3,

이송령

'월간시' 특별추천시인으로 등단(2017)
시집 『나의 시는 아직 입원 중이다』
lsl609609@naver.com

깔깔대는 추억의 소리가 귀를 간질이고 싱그러운 봄바람 타고
날아갑니다. 한 걸음 한 걸음 걸어온 삶의 길이는 나의 꼬리가 되어
점점 길어져만 갑니다. 이리 보고 저리 봐도 텅 빈 앞길을 보며,
그렇지 원래부터 새로운 하루의 탄생 속에서 동화 같은 삶을 그리고
지우고 했던 나날들을 보내며 자신을 만나러 가는 길인 것을….
살다 보면 알게 되는 것들로 채울 수 있을까요?
살다 보니 알게 되는 것들을 비울 수 있을까요?

유심한 곳

지금 이 순간도
나를 위해 피는
꽃의 숨결 따라
영영 사랑하자

그 어느 순간도
나를 위해 피는
꽃의 향기 따라
영영 따라가자

나이를 먹으며
저무는 하루와
속삭이는 마음
먼 길 돌아왔다

첫눈에 반한 사랑이 녹는 계절

모든 걸 제자리로 돌려놓으려는 속셈
누가 모를 줄 알고
조심스레
사뿐사뿐
소심하게
마음속에
스며드는
첫눈

그동안 애썼다고 하얀 거짓말로 다가와
누가 모를 줄 알고
한눈 감고
대충대충
넘어가며
마음속에
간직해둔
사랑

첫눈에
반한 사랑
첫눈에
변한 세상

배짱으로 삽시다

일상은 삶의 악보이다
악으로 보이는가
악보가 보이는가

나는 만족해서 멈췄고
잘 살고 있다고 착각했다

살기 위해
변해야만 했고
알기 위해
박자를 맞춰야 했다

나를 사랑하지 않는 이유를 찾았다
자신을 미워하는 용기를 찾아냈다
온전한 나를 바라보면서
안전한 나를 만들어 보려 한다

이하재

'월간시' 시 등단(2018)
'한국산문' 수필 등단(2019)
'월간시인' 제정 '올해의 시인상' 수상(2023)
시집 『허공에 그린 얼굴』 『눈물로 피운 꽃을 사랑하라』
jaehalee319@hanmail.net

불행은 타인과의 비교에서 오는 것이겠지요. 짜장면 한 그릇으로도
충분히 행복한 저녁을 즐길 수가 있는걸요. 바람이 먼지를 쓸고 가면
하늘이 깨끗하게 잘 보입니다. 당신의 순수한 모습을 보려면
우리 사이에 있는 시기와 질투, 선입견과 편견을 말끔하게 지워야 합니다.
비질은 바람에 맡기고 사랑으로 마음의 창을 닦아봅니다.

늙은 아파트는 춤을 추고

숭숭 구멍이 뚫린 뼈 마디에
찬바람이 드나들고
바짝 말라 푸석푸석한 살갗에
저승꽃 만발한 늙은 아파트

금빛 출렁이는 현수막이 걸렸다

경축!
정밀안전검사 통과!

안전해서 얼씨구
안전하지 못해서 절씨구

아파트는 들썩들썩 춤을 추고

폐지에 묻힌 늙은이의 리어카가
아파트 뒷문을 빠져나오면
등굽은 골목길이 비틀거린다

새까만 별이 눈물처럼

그녀의 얼굴에
하얀 반달이 환하게 피었다

국민연금이 올랐다고 싱글벙글
월 295,930원 받던 국민연금을
월 306,580원 받게 되었다고
한 달에 10,550원 올랐다고
고까짓 만 원 올랐는데
고맙게 만 원이나 올랐다고
자장면을 먹으러 중국집에 갔다

고층 아파트 계단을 오르내리며
제 몸보다 크고 억센
대걸레에 질질 끌려다닌 세월은
곧은 허리를 휘어 놓고
검은 머리를 희게 하고
반듯한 얼굴을 우그려 놓고
꼿꼿한 다리를 오그려 놓았다

그녀의 얼굴에
까만 별이 눈물처럼 번졌다

청소

하늘이 푸르고 맑게 보이는 까닭은
하늘과 땅 사이에 있는
산허리 감고 올라간 구름을 쓸고
서해를 건너온 황사와 미세먼지를 쓸고
바람이 말끔하게 비질을 하였기 때문이다

당신이 티 없이 아름답게 보이는 까닭은
당신과 나 사이에 있는
사납게 일어나는 시기와 질투심을 닦고
꿈틀꿈틀 미움이 서린 마음의 창을 닦고
사랑으로 걸레질을 하였기 때문이다

송일섭

'수필시대'에 수필 등단(2009)
'월간시' 제17회 '추천시인상'으로 시 등단(2018)
시집 『뜬장』
sub28@hanmail.net

많은 사람이 깊은 상처와 아픔을 지니고 살아간다.
이야기하지 않아서 그렇지 많은 사람이 그랬다. 그렇다 해도 오래도록
깊은 어둠의 터널에서 서성거릴 것이다. 그러다가 어느 순간에는
그것 또한 견뎌내야 하는 인생길이라고 자위하게 될 것이다. 아니,
나도 이미 그렇게 되어 가고 있었다. 어렴풋하게나마 깨달은 바가 있다.
슬픔의 노래가 더 진실한 삶의 기록일 수 있다는 점이다.

거리에서

늘 오가던 길에
출렁거리는 파도
함께 갔던 식당
같이 걸었던 산책로
해맑은 미소 번졌던 동네 골목

예전처럼
사람들 북적거리고
차량들도 오고 가는데…

저만큼 어디에 있을 것 같고
금방이라도 대답할 것 같은
일상의 거리마다
뿌옇게 번져오는 그리움

서러워
눈물로 씻고
그리워
한숨으로 터덕거리고

보내지 못한 편지

새해 앞두고 사람들은
해넘이와 해돋이 구경하면서
예쁜 꿈 하나씩 키워가는데
훌쩍 떠나버린 너는 어디에 있느냐.

영혼의 턱밑까지 쥐고 흔들었던
사바의 고통 잊어버리기 바라지만,
한(恨)으로 남은 네 미완의 삶은
해탈의 강을 건너기는 했을까.

항상 단아하게 가꿨던 짧은 네 삶이
가슴 미어지도록 서럽게 스치는 밤
산 사람은 어떻게든 산다는 말이
끝내 벗어나지 못할 죄 아니더냐.

다 털어버려야 가벼워진다고 하니
힘들었던 이 세상, 다 잊어버려라
여윈 가슴에 얹힌 네 자리 맴돌며
끊이지 않은 눈물꽃으로 기다리마

순례길

오랜만에 만난 사람이
신수 좋다고 하면
기쁘기는커녕 가슴이 철렁
나락으로 떨어지는 느낌이다.

날마다 몸부림쳐도
풀어낼 수 없는 설움
쉽게 지울 수 있느냐는
핀잔처럼 들리기 때문이다.

그럴 때마다 얼굴 붉히며
거울 속의 나에게 묻는다.
절뚝거리면서 걸어야 할
순례길을 가고 있느냐고

김애란

성신여대 문화산업예술대학원 문화컨텐츠학과
'월간시' 제17회 '추천시인상' 당선(2018)
시집 『하늘빛 닮은 원석으로』, 전자시집 『새들처럼 노래하다』
수필가, 여행취재작가, 숲해설가
iaeran19@naver.com

나무가 나이테를 만들면서 커지듯 우리의 삶도 여물어 가고 단단한 나무로 성장한다. 춘계의 시절은 연하고 넓은 나이테를 새기고 추계의 시절은 진하고 촘촘한 나이테를 만든다. 물이 흐르듯 자연스럽게 걸어가리. 여유로운 마음으로 자연이 주는 아름다움도 눈에 담고 꽃향기 맡으며 봄을 맞아 노래하리.

봄

노란빛으로 봄은 온다

수선화 방긋 웃는 봄
히어리도 질세라 연노랑
총총 달고 온다
한 해 풍년을 기원하듯
풍년화 피어서 봄은 활짝
웃는 노란 색깔로 물들이면서 온다
개나리 삐악삐악 병아리 떼
총총걸음으로 온다

생강나무 앞산 물드는 노란빛 봄으로 온다

나의 봄도 설레는 마음으로
두근두근 가슴 뛰는 소리로
활짝 편 복수초처럼
차가운 얼음 뚫고
봄이 얼굴을 내민다.

거울 정원

물 안에 그림자가 비친다
거울처럼 투명한 물결

건물도 친구같이 들어와 있고
키 큰 느티나무 우람하게 버티고
넓은 잎 일곱 장을 자랑하는 칠엽수
사이좋은 풍경이 되어 비친다

풍선 들고 가는 아이와 엄마 사랑도 있고
그림같은 연인 사랑도 있고
강아지 산책 나온 아가씨도
물 속에서 걷는다

'거울아 거울아
누구 모습이 예쁘니?'

거울 정원 풍경은 평화로운 휴식의 시간이다.

바람의 언덕

오대산 선자령길 바람 맛이 볼을 때린다

옷깃을 여미어도 틈새로 황소바람 숭숭
잔뜩 움츠리고 걸어도 술에 취한 듯
왔다 갔다 갈짓자 걸음들이다

한쪽 가지는 잘린 채
가지 뻗은 "니은나무"를 만났다

그대여 선자령 바람의 언덕
눈발 날리며 바람 맛을 느껴보시라

톡 쏘는 와사비만큼 얼얼 상큼하다
아직도 귀 안에서 횡횡 바람의 음성이 들리는 듯하다

산들바람, 하늬바람 부는 바람만 만났다

말없는 굳센 의지, 봄을 기다리며 지탱하는 힘일까?

때론 얼굴 세차게 강풍 맞아보니
바람의 속살은 오히려 따뜻함도 품고 있다는 사실을

우린 모두 동전의 양면을 느끼며 사는 존재일까?

최진영

서울 출생
'월간시' 제3회 청년시인상 당선(2018)
시집 『모든 삶은 PK로 이루어져 있지』
'월간시' 제정 올해의 시인상 '특별상' 수상
7910042002@naver.com

시를 많이 읽고, 많이 공부하면 시를 잘 쓸 수 있지 않을까 생각했습니다.
그런데 많이 읽으면 읽을수록, 내가 쓴 시는 왜 이 모양이지,
나는 왜 이렇게 시를 못 쓸까 하는 생각만 들었고 많이 공부하면
공부할수록 시가 더 어려워지기만 했습니다. 그런데도 시를 계속 읽고,
공부하는 저를 보면 내가 시를 참 많이 좋아하고 있구나 하고 생각합니다.
좋은 시 한 편, 사람을 살릴 수 있는 시 한 편, 나보다 더 오래 살아갈
시 한 편을 위해 계속 시를 쓰겠습니다.

다마네기

할머니가 생전에 요리를 해주실 때
간혹 내게 심부름을 시키실 때가 있었다

-손자야, 마트 가서 다마네기* 좀 사 온나

그러면 나는 시인 손자 앞에서
일본어를 쓰시는 할머니가 괘씸해서
부러 크게 대답하곤 했다.

-하잇はいっ!

*양파의 일본말

스마트폰 공동묘지

한 사람의 죽음이 날아왔다

그제야 스마트폰 속에 묻혀있던
그 사람이 생각난다

연락처 272개

모르는 사람 7명
알지만 모르는 사람 12명을 지우고

알지만 연락 안 하는 사람
등록하고도 한 번을 연락하지 않은 사람
가까운 사이인데도 올해 한 번도 연락 안 한 사람

그 사람들을
흙 속에서 꺼내본다

번호가 바뀐 사람 스물한 명
죽은 사람이 다섯 명

그중 한 명은 우리 할머니
작년에 돌아가신 우리 할머니가
여기에도 묻혀계신다

조카의 차례상

할머니 차례상에 올려져 있는
동네 배달 책자를
치우려고 했더니

5살 난 조카 아이가
다급하게 양손을 파닥이며

할머니 먹고 싶은 거 시켜야 해요
치우면 안 돼요! 라고 삐악거려
그대로 둘 수밖에 없었다

백승문

충남 보령 출생
'월간시' 제19회 '추천시인상'으로 등단(2018)
율동시회 회원
smbaek777@naver.com

우리네 사는 게 연극 같아서 하루에도 열두 번 화장을 고칩니다.
화장으로 부족하면 분장을 하고, 분장으로도 안 되면 가면을 씁니다.
그렇게라도 치열하게 살겠다는 건 환영받을 일이지만, 주어진 배역에
과몰입되어 영혼을 잊어버릴까 걱정입니다. 광활한 우주 속에서
꿈틀대는 애벌레 같은 존재인데, 그나마 자신의 삶마저도 온전히 누리지
못하는 사람들이 있습니다. 한 생을 가상세계에서 살아가는 사람들의
이야기에 가슴이 아려옵니다. 하지만 이렇게 혼돈의 세상에서도
지고지순한 사랑을 꿈꾸는 연인들이 있습니다. 아라비카종을 닮은
사랑을 나누는 연인들에게 환호와 축복의 시편으로 레드카펫을
깔아 주고 싶습니다.

커피콩 사랑

분쇄기 안쪽이 소란하다
인간이 되고 싶은 커피콩이
쇄신공양碎身供養 수행 중이다
적도의 사랑을 품은 아라비카종,
밀림 속에서 용케도 살아남아
물렁한 옷 벗어 던지고
단단한 몸매로 거듭났다
목숨 걸고 바다 건너
커피공화국에 망명했겠다
솜씨 좋은 장인을 만나
불가마에서 온몸 덖어지고
맘씨 좋은 그대와 인연이 닿았다
소신공양燒身供養 올리는 심정으로
모카포트 속 눈물과 압박을 견뎌내고는
그대 코끝을 유혹하고
그대 입술에 입맞추며
그대 몸속으로 들어가면 그만이다
그대와 하나 되어 인간이 되는 것이다
누구를 죽도록 사랑한다면
커피콩 사랑을 흉내내볼 일이다
온몸을 던져 사랑한다면
불타는 하늘을 우러러볼 일이다
내가 문득 사라진다 해도
그대와 함께한다면 상상만으로도
행복한 일

소만 小滿

도심공원 귀퉁이 벤치 위
애벌레 한 마리
착륙한 별의 번지수가 틀렸다
태생이 숲이었던 나무 의자는
아무렇지도 않게 애벌레를 받아주었지
누워있는 자세가 수상쩍었지만
익숙한 촉감에 안심했다가
각진 모서리가 어색하여
허공을 한 바퀴 휘저어보고는
당혹스러운 표정으로
다른 별을 찾아 발길을 돌린다

오월의 바람은 살랑대고
초여름 오후 햇살은 여전한데
낯선 우주에 불시착한 애벌레가
왠지 내 모습 같아서
그쪽으로 자꾸만 눈길이 쏠린다
놀이기구에 매달린 아이들
까무잡잡한 살결로 미래를 단장하고
햇볕에 온몸을 내맡긴 나무들
녹음 짙은 잎새로 근육을 살찌운다
오뉴월 도심공원에 피어오르는
은밀하고, 거룩하고, 눈부신,
아주 작은 충만

분장을 지우는 시간

공연 끝난 무대 뒤쪽이 부산하다
배우들이 돌아오는 시간
주인공은 수염을 떼어내고
분수에 넘치는 의상을 벗어 버린다
피에로는 분칠을 벗겨내며
분장실 옷장에 보관했던 영혼을 찾고 있다
영혼이 복원되면 그들은
평범한 아버지와 다정한 엄마로,
좋은 이웃과 편안한 친구로 돌아온다

사람들은 저마다 분장을 하고 일터로 간다
누구라도 속일 만큼 감쪽같은 분장들
밀짚모자 눌러쓴 농부는 허수아비를 속였고
엿가위 두드리는 엿장수는 각설이를 놀래켰다
배역이 많은 사장님은 분장이 다양하다
소품도 여럿이고 의상도 다채롭다
지위가 높을수록 더 많은 가면이 필요한가 보다

분장을 지우는 시간은
가면을 내던지고 영혼과 마주하는 순간
오롯이 혼자인 시간
한생에 가장 진솔한 순간이다
내일은 다시 어떤 분장을 할지라도
순결한 나로 돌아오는 시간
인생 분장을 완전히 지우는 시간은
어디쯤 오고 있을까

김준호

'월간시' 제4회 청년시인상 당선으로 등단(2018)
동인지 『내 안에 하늘이 조금만 더 컸으면 해』
글쓰기 지도사 취득(2022)
lilr7942@naver.com

요즘 아이를 돌보며 느끼는 게 참 많습니다.
'어쩜 저리 맑을까. 한편의 시 같구나.'
맑은 영혼을 보고 있노라면 저 또한 맑아지는 기분입니다.
또 다른 모습의 사랑을 배우는 중입니다.
아이에게 제 진심을 전하고 싶습니다.

가난

새벽시장에 위를 내다 팔러 간다

끼니마다 또각또각 울려대니
시계 값만 받고 팔까

눌러 담으면 딱 쌀밥 한 공기니
그릇 값만 받고 팔까

그냥저냥 좋은 집에 팔려가
우리 엄니 눈물만 안 흘렸으면

보름달

거 봐
안 빼도 예쁘잖아
옆자리

아이 하나는 외롭습니다
아이도 물론
어른도

보조석 의자는 차갑게 식은지 오래입니다

둘째가 생겼습니다
조금만 참으면
제게도 짝이 다시 생깁니다

어른도 외롭습니다

리모컨

숨긴다는 게
드러내는 일 아니던가

아이가 꽁꽁 숨겨 놓은 리모컨을 찾다가
불현듯 못난 내 모습을 돌아본다

'그래 아들아 뭐하고 놀래?'

이옥주

'월간시' 제21회 '추천시인상'으로 등단(2018)
시집 『별 헤는 달팽이』 『쓸쓸한 약』 『소나기 지나고 난 자리는 밝다』
lojoo55@naver.com

맨발을 끌고 가는 짙은 구름 어둠을 걷어내서야 환해집니다.
한 곳만 바라보는 습관은 어렵기만 합니다. 다른 곳을 찾아서 같이
가야 하겠지요. 강가를 걷습니다. 같은 시간 멀리 가려는 새들의
운동이 시작됩니다. 조금 더 걸을 수 있다면 돌아갈 길을
생각지 않겠습니다. 시를 쓰며 세상이 밝아지고 마음이
일깨워지기를 바라고 있습니다.

오래된 조율

구두를 고치러 수선집에 간다

기타를 조율하고 있는 수선공
소리를 만지는 손가락 사이에서
튕겨진 몇 개의 음들이
문소리에 밀려 떨어진다

낡은 가죽에서 나는 오래된 소리들과
떨어진 음표가 섞인다

구두들은 저마다의 리듬을 가지고 있다

그는 거리를 걷던 지친 바닥을 지우고
닳아버린 어제를 바꾸고
바래버린 색을 덧 입히며
터진 곳을 살핀다

바늘에 꿰인 실은
구두라는 악기를 타고 들어간다
그는 구두가 가진 음악을 이해한다

손끝을 따라
당겼다 푸는 몇 줄의 현
높은 음과 낮은 음을 고르며
하이힐을 가볍게 조율한다

먹구름

느슨하게 감은 실뭉치는 가볍습니다

그 안에 유머와 웃음이 담겨있어
잘 굴러가지요
보기만 해도 풀어지고 허술해집니다

단단하게 감은 실뭉치는
웃음이 없기에 무겁습니다
멈추기를 자주합니다
마음을 재단하는 일을 놓치고 맙니다
손을 잡았는데 익숙하지 않고

먹구름 속에 손을 슬쩍 넣어봅니다
비가 쏟아집니다
뒤돌아가기에는 먼 길입니다

어려운 말이 잡히지 않습니다
손끝이 베일 듯 접어지지 않아
부드러워져라
부드러워져라
엉킨 한올을 덜어냅니다

깃털 하나 떨어뜨리듯

숲속에 누워 하늘 바라보기

나뭇잎은 흐린 강물을 안고 있다
물결이 한 잎 출렁인다

물 위로 구름이 물든다
돛단배가 되어 닿은 작은 포구
그곳에서
기울어지는 노을을 만나
아껴두었던 말들을 나눌 수 있다면

손을 들어 이마를 가린다
나뭇잎 틈새 표정 안에 네가 있다
적어두었던 글들을
새들이 주워 물고 날아간다

깃털 하나 떨어뜨리듯 사소하게
숲에 소문으로 퍼져나가

한쪽 귀퉁이에 넣어 두었던
첫정이란 가랑비 같은
그말을 계속 이어주기를

산새 울음소리가
여러 조각으로 들려온다

양재영

경남 밀양 출생
연세대 경영학과 졸업, 고려대 MBA 졸업
단국대 법정대학원 신노사관계 과정 수료
'월간시' 제21회 '추천시인상'으로 등단(2019)
시집 『꼭짓점에서 바라보다』 『인생과 지휘자』
전 삼성전자(로지텍) 인사팀장
현 ㈜해우GLS 부사장 겸 ㈜에이치원솔루션 대표이사
yangfour@naver.com

어느덧 새옷을 꺼내 입은 풀과 나무들이
저마다 맵시를 자랑하는 계절이 한창입니다.
아침부터 분주한 새떼들을 지켜보며,
진한 커피향을 요술 양탄자 삼아 타고
생각의 찌꺼기를 시詩라며 허공에 뿌려 봅니다.

풍요와 번창

이른 아침 사무실
단내 나는 다방 커피에 빠져
시골 정경을 음미하는데
창공의 철새 떼가 주변을 힐끔거린다

저쪽으로 갔다가
다시 이쪽으로 왔다가
대체 왜 저럴까 하고
진한 호기심에 지켜본다

갈 때보다는
올 때의 날개 짓에 힘이 차 보이니
어느 곳에서 진수성찬은 아니지만
아침 요기를 했으리라

쌀알이 떨어져 있는 논이나
먹을 것이 있는 물가를
다녀왔을까?
아무렴 어때 배만 부르면 되었지

날 짐승들도
새끼를 낳고 배부르게 먹여야
종족을 유지하고
번창을 하겠지

그들도 인간처럼
식구가 줄어든 만큼
수고도 줄었으니 다행이라고
표현을 해도 될까

비 그리고 사랑

보슬보슬
토도독 톡톡
후두둑 툭툭
쏴아

내리는 비에 젖는다
서서히 젖기도 하고
때로는 빠르게
때로는 한꺼번에

비는 사랑일까
그림자에 숨어들 듯
드러내 놓고 당당하게
그렇게 사랑은 찾아 올까

사랑은 아픔일까
젖은 옷도 마르면 그만인 걸
어떤 사랑도 이별하면
사랑도 아닌 사랑이었지

너무 아프지 말자
비는 다시 내린다
그 때의 비가 아닌 다른 비로
다시 젖을 수 있지

손

덜컹거리는 기차여행
추억의 더미에서 튀어 오르는
추억의 조각을 낚아챈다

기차 여행 간다고 자랑하는,
잘 다녀오라고 부러운,
손을 흔들던 행복한 풍광

오늘도 기차는 덜컹거린다
가을을 맞이한 감성은 충만하니
역시나 손을 흔든다

세월만큼 빨라진 기차 속도
바깥에서 안쪽이 보일 리가 없지만
저 멀리 밭에서 손을 흔드는 이가 있다

지긋한 나이의 노부부는
잠시 쉴 겸 허리를 펴고 손을 흔든다
나처럼 추억조각을 잡아챘겠지

고마울 뿐이다.

권기일

필명 똘시인
대구광역시 출생
'지필문학' 신인문학상(2017)
2019 '월간시' 제23회 '추천시인상' 당선(2019)
ccn21@gmail.com

봄이다. 꽃잎에 앉은 벌의 마음처럼
사람 사물과 사랑에 대한 감사
상상할 수 있는 것에 대한 축복
시는 삶의 지혜. 이 모든 것이 봄이다

춤꾼

꽃잎에 앉아있던
나비의 몸짓으로
춤을 추어라

시린 눈꽃에 여민 미련한
생각도 지워버리고 춤을 추어라

봄의 열정이 피어나면
칡 흙 어둠을 뚫고 빛을 따라
날아올라라

봄은 위대한 춤꾼이다

기다림

늙어가는 겨울도
새로운 보석을 찾은 마음으로
오늘을 쓰다듬어 간직하리다

피어난 봄이 그래서
아름답고
희망의 꽃은 기다려지는 것이다

눈으로는 믿기지 않는
향기를 만나러 가는 길처럼
설렘만큼 꽃이 피는 날은
영원히 남아있다

만남이 시들지 않게
또다시 봄을 느껴보리다

전등

반짝반짝 빛나다가
어느덧 어둠과 함께 동굴로 숨어버렸다

넌 언제나 어두운 시간을
빛을 밝혀 천국을 주는구나

그래서 천국은 우리의 희망만이 아니라
더 아름다운 꿈을 만들어주는구나

최유미

'월간시' 제25회 '추천시인상' 당선(2019)
현 평택명성관세사무소 실장
youandme1346@naver.com

좋은 운은 스스로 만들기도 하는 것 같아요
긍정적인 마음으로 살아가는 사람들이
작은 일에도 쉽게 화내고 부정적인 사람들보다
행복해 보이는 걸 봐서도 말이에요
행복은 마음속에 있단 말을 믿어요
그래서 말인데요
우리 행복한 마음을 만들어 봐요

어떤 마음이었는지

여행길 주머니에 넣어준 용돈이
어떤 마음이었는지

집 앞까지 배웅해 주는 발걸음이
어떤 마음이었는지

사사로이 건네준 당신의 미소가
어떤 마음이었는지

마음속 파동이 동그라미를 그리며
퐁당 퐁당

동그라미

둥글게 다듬어진 마음은
어디든 갈 수 있지
각진 모양이라면
조금 더 굴려다오

모서리에 걸린 삶이
그리 편하진 않으니
잠시 아프더라도
둥글게 다듬어 다오

시간의 손짓이여
막다른 길이 보일 때쯤
태양이 비치는
꽃잎 위에 나를 내려 주오

당신은 그런 사람

나는 알았는데
너는 몰랐니 말고
그럴 수도 있지라고
말해주는 사람

그까짓 걸로 왜 서운한데 말고
그랬구나 미안해라고
달래주는 사람

돈이 많으니 세상이 아름답지
라는 부정적인 시선이 아닌
돈이 많은데도 저런 마음으로 사네
라는 긍정적인 시선을 가진 사람

몸보다 마음이 더 큰 사람
그 안에서 나를 뛰어놀 수 있게
해주는 사람

나는 그런 사람이
그런 당신이
좋아요

4,

이정수

서울 출생
'월간시' 제30회 '추천시인상'으로 등단(2021)
시끌리오 한국작품상 수상
전자책 『시와 복음』
현 목동교회 목사
21prok@hanmail.net

오늘 새벽 내 눈은 반짝였습니다. 당신의 말씀을 읽고 또 읽으며
내 삶을 읽었습니다. 말씀을 읽을 때 나는 당신 앞에 섭니다.
마치 기도하는 것처럼 내 마음 구름 한 점 없이. 오늘 밤 나는 시를 쓰고
또 쓰며 내 영혼을 씁니다. 시를 쓸 때도 나는 당신의 음성을
듣습니다. 마치 하늘이 내려와 내 마음 별천지같이. '추천시인상'을
수상하던 날을 추억하며 기도합니다. 언젠가 당신 앞에 서는 날
그 시로 물들어 사람들의 가슴에서 가슴으로 전해지기를,
그들이 부르는 사랑의 노래가 되기를 소원합니다.

시인들의 이야기

펜으로 쓴 글이 아닙니다
손으로 섬기며 썼고
가슴으로 쓴 시입니다

잉크로 쓴 글이 아닙니다
땀으로 썼고
눈물로 쓴 시입니다

혼자 쓴 글이 아닙니다
모두가 함께 쓴
우리들의 시입니다

그대가 살아 있는 한
이 시는 계속 이어질
시인들의 영원한 이야기입니다.

시의 찬미

시는 그림입니다
펜 끝으로 하늘과 땅의 모든 아름다움을
다 담을 수 있는 예술입니다

시는 드라마입니다
살아 숨 쉬는 생명이며
살아 움직이는 생활입니다

시는 장엄한 오케스트라입니다
밤하늘 별들의 숨소리를 모은 사랑의 하모니이며
인류가 가야할 대장정의 우렁찬 행진곡입니다.

글쓰기

오랜 시간 애태우며
물빛보다 더 진한 마음으로
앙금처럼 가라앉은
아름다운 시어를 숭숭 찾아 헤맨다

떠올랐다 사라지는 것
만져지지도 보이지도 않아
하늘의 은총과도 같은
아름다운 방언을 찾아 모은다

사람들의 살아가는 이야기를
수없이 그리고
쓰고 지우고 반복하며
숙성될 때까지 기다린다

상큼한 오렌지 향 같은
삶의 이야기를
퍼즐 맞춰 가듯
아름다운 방언을
찾을 때마다 살아 있음을 느낀다.

구미정

'월간시' 제31회 '추천시인상'으로 등단(2021)
제24회 경기노동문화예술제 은상
제8회 시(市, 詩)가 활짝 우수상
시집 『환승』
pabollagmj@naver.com

직업상 하루에도 수백 명의 사람을 만납니다. 잠시 지나가는
사람이지만 그 속에 살아가는 모습이 담깁니다. 어쩌면 낯선 사람이라 거짓
없는 모습이 드러날 수도 있습니다. 그렇게 살아가는 모습에
나의 모습을 비춰 봅니다. 시인으로, 직장인으로, 여자로, 엄마로,
너와 나로 얽힌 관계에서 나를 찾는 일이 시로 옮겨지면 좋겠습니다.
그래서 일상어로 시를 쓰고 있습니다. 말하듯 살아가듯
늘 그렇게 시가 함께였으면 좋겠습니다.

비가 옵니다

비가 옵니다
풀과 나무와 꽃이 기다린 비가 옵니다
햇살도 바람도 열지 못한 굳은 땅으로
스미고 스며 풀어내는 빗물
마른 가지 타고 오르려고
푸르게 올라 살얼음 견딘 꽃망울에
햇살 같은 봄 열려고

비가 옵니다
따가운 햇살 훈풍에 촐싹대던 꽃망울에
찬비가 옵니다
서서히 한 발씩 걸으라고
화들짝 피어 우수수 지지 말라고
한 잎 한 잎
오래 기억되는 꽃이 되라고

뛰는 봄 진정시키는

찬비가 옵니다
찬비에 두툼한 옷깃 여미지만
그래도 봄이 온 것을 압니다
비가 와도 바람 거세도
당신 마음 같은 봄이
함께 걷고 있음을 압니다
말하지 않아도 확인하지 않아도
당신 같은 봄이
마음으로 옵니다

할아버지

아들 할아버지가
아버지 할아버지의 보행 보조기를 잡고
횡단보도를 건너갑니다

절반도 못 건너 바뀐 신호등
떨리는 다리 옮길 때마다 있는 힘 다해 보조기를 미는
아버지 할아버지 곁에서 아들 할아버지는
온몸에 미안함을 달고 연신 꾸벅이고 있습니다

출근길 막히는 도로에서
두 번째 신호를 기다리는 차들은
정적으로 응원하고 있었습니다

꿈

오후 세 시
삼겹살집에 마주 앉은 두 여인

난 사진작가가 하고 싶어
삼겹살을 뒤집던 여인이 젓가락을 놓으며 말한다

그래 좋은 곳에 가서 예쁜 풍경 찍어 사람들에게 보여주고…
술잔을 내려놓으며 마주 앉은 여인이 답했다

놓았던 젓가락 들어 상 위를 툭 치던 여인
한숨과 함께하는 말
그러려면 여유가 있어야 하잖아

놓았던 술잔 다시 들며 맞은편 여인이 답했다
그래서 남자가 중요한 거야

김영아

한양대학교 박사
'월간시' 제31회 '추천시인상'으로 등단(2021)
현 창의융합인재개발원장
공익법인체험학습연구개발협회 교육국장
녹색교육진흥회 사무총장 순교영성연구소 연구위원
창의지식개발원 연구위원
etran@naver.com

바다, 그리고 수평선, 흔들리고 출렁이는 모든 것들이 실은 삶의 중심을 가로지르는 중심축이 되고 있다. 중력 앞에 나약한 우리는 살아 있기 위해 직립을 꿈꾸며 흔들리다가 결국에는 오는 한순간마다 꽃을 피워내고 있다. 시인은 그렇게 중력과 더불어 살아내고 있다.

꽃의 시간

겹겹의 시간을 지나
계절을 사이에 하고
온몸 메마른 채 숨까지 멈추었다가
비로소 너의 몸 구석구석에
봄이 오르는 소리를 듣는다

너의 모든 마디 끝마다
통증이 아리다
온몸을 터트리는 너를 보며
눈부신 너의 고통을
아름다움이라 부르며
사람들이 하나둘 너의 곁으로 몰려 든다

그것은
아름다움에 대한 숭배이자
아름다움에 대한 동경이다.

너의 눈부신 떨림 아래에서
우리는 충분하다
살아있음이 살아있음을 향해
꽃의 시간이 우리를 부른다

직립의 유혹

발아래로 끌어당기는
오래도록 변하지 않는 힘
해를 향해 선 나는
직립을 꿈꾸다 지치기에 바쁜
그냥 몸부림치는 생^生이다

오래도록 올려다본
먼데 하늘을 향해
그 너머의 우주까지
무한의 공간까지
그 중심 어딘가에 자리하고 있을
빛을 향해 몸을 내디딘다

가끔 하늘을 향하는 일이
지치고 힘이 들 때면
내 늘어지는 온몸 사이로
뜻밖의 아름다움 품이 깃든다

오래도록, 아주 오래도록

너를 향한 한 걸음
바라보고 있기만 해도
금세 내 온몸을 파고드는 수평선.
내 손가락 마디마디에 스며드는
너의 그윽한 다다름.

단 한 번도, 단 한 순간도
멈춘 적 없는 너의 울림은
나의 몸을 이룬 모든 수분에
슬며시 와 닿는다

흔들리던 내 중심을
기어코 흔들고 흔들다가
어느 순간 그 흔들림 속의 고요 속으로
나를 이끄는

오래도록, 아주 오래도록
나를 지탱하고 있었을
나의 모든 살아 있음을 향해
흔들리기 때문에
무너지지 않는 거라고
조용히 나를 출렁이는 너.

송호진

'월간시' 제31회 '추천시인상' 당선으로 등단(2021)
시집 『사랑한다고 말한 그 입술로 분 바람이 내 바람에 얹힌다』
본명 송승환
2sh1203@naver.com

새 한 마리가 거실에 날아들었다. 거실을 한 바퀴 돌더니 부리로
내 왼쪽 엄지발가락을 쪼았다. 꿈이었다. 어느새 새가 내 엄지발가락에
담쟁이덩굴 씨앗을 심었다. 덩굴 흡반이 왼쪽 다리를 기어올라
척추를 올라타고 정수리까지 한 발 한 발 올라 올 때마다 온몸이
비틀렸다. 움이 트고 꽃봉오리가 터질 때는 큰 비명이 저절로 나왔다.
담벼락에는 덩굴 움이 꿈틀거리고 있었다. 건너편 화단에는
동백나무의 빨강 꽃잎과 노랑 꽃술 사이에 벌 한 마리 곤하게 잠자고 있었다.
벌이 부러웠다. 일장춘몽이었다. 앞 바다 어귀에 재두루미
한 마리가 한 걸음 한 걸음 조심스럽게 먹잇감에 접근하고 있었다.
나는 앞바다의 재두루미를 구경하면서 나를 털털 털어냈다.
누워서 시를 할 수 있었다.

누워서 시를 하다*
-좌골신경통

부르지도 않았는데도 새가 방문한다 새는 부리로 내 왼쪽 엄지발가락을 자근자근 깨물더니 물고 온 씨앗을 심는다 반가운 듯 봄비가 간절히 내린다 엄지발가락 발톱 밑에 싹이 튼다 그 발가락이 찌르르 저려 온다 싹은 덩굴손끝에 흡반을 만들어 내 발등 뼈대에 달라붙더니 정강이뼈를 타고 오른다 덩굴에서 덩굴이 나온다 흡반이 움직일 때마다 욱신거린다 덩굴줄기 속에는 부름켜가 생겨 몸이 불어난다 몸피가 갈라진다 왼쪽 발목부터 엉치까지 쿡쿡 쑤시며 시려온다 잠자는 동안 내 몸 안에 덩굴이 담벼락을 타고 오르듯 척추를 타고 쑥쑥 자라 정수리까지 기어오른다 덩굴은 내 일 년을 기억하기 시작한다 덩굴이 기지개를 펼 때 마다 움이 트고 꽃눈이 핀다 마파람이 불면 움은 잎사귀가 되고 꽃눈은 손톱 달이 된다 한여름에 발과 다리가 시리다 잎사귀가 날갯짓 할 때마다 시린 발과 다리가 시원해진다 손톱 달은 자라 보름달이 된다 나는 자라처럼 목을 쭈욱 뻗어 보름달 정수리를 핥는다 저리고 시린 아픔은 여직 사라지지 않는다 내 엉덩이에 핀 꽃은 퍼렇게 운다 울고 있는 꽃을 뭉갤 수 없어 앉을 수가 없다 누워 버린다 꽃잎이 떨어진다 누워서만 보낸 한 시절時節, 시절詩節을 내 물관을 통해 내 정수리에 계속 밀어 올린다 봄의 이야기를 여름의 이야기를 가을의 이야기를 낮이나 밤이나 생각이 날 때마다 썼다가 지운 수많은 문장들을 잎사귀마다 새겨 넣는다 제각기 다른 색깔을 발한다 열매들이 퍼렇게 익어간다 내 몸피는 떨켜를 켠다 잎사귀들은 한꺼번에 우수수 떨어진다 내 몸은 헐거워진다 나는 흙바닥에 쌓인 잎사귀들 위에 누워 하늘을 쳐다본다

까맣게 익은 엉덩이 떨켜에 간당간당 매달려 웃고 있다 겨울의 이야기를 기다리며

*김재근 시인은 "시를 쓴다를 시를 한다"라고 표현하다

거울 뒷면의 욕망

아침에 거울 보니 내 몸 위에 여러 개의 얼굴들이 두리번거리고 있어요 다음 날 거울 보니 어제의 그 얼굴들이 어디로 갔어요 거울 속 내 모습이 왜 이리 낯설지요 엉거주춤 물구나무섰나요 그래서 몸에 배인 뭐 얄팍한 거드름을 토했나요 잠을 잘 잤나요 숨은 제대로 쉬었나요 여기저기 움직였나요 맴돌았나요 뜨겁게 연애해봤나요 그렇다고 하더라도 뜨겁게 연애해봤나요 물음에는 네~ 하기엔 쑥스럽네요 나의 세상 설핏 피우고 이울더라도 한 번쯤은 춥지도 않은 삼월의 어중간한 이 날씨에 햇볕 쏘이며 빨강 동백 노랑 꽃술 속에 잠자고 있는 저 벌처럼 푹 빠진 연애 좀 해봤으면 좋겠어요 얼마나 뜨겁겠어요 그러려면 먼저 그대의 눈에 쏙 들고 싶어요 거울을 봅니다 흰 눈썹 뽑습니다 얼굴에 미백주름개선제를 바릅니다 마른버짐 지우개로 틀린 글자 지우듯 지웁니다 반질거려요 얼굴이 환해져요 그대의 눈에 쏙 드나요 그런데요 티브이 연속극을 보던 조강지처가 느닷없이 '아무리 그래도 그렇지 조강지처를 버리면 안 되지' 하는 겁니다 한낱 꿈이었나요 아니지요 나의 거울이 오랫동안 깨지지 않겠지요

빨강 동백꽃이 낮은 울타리를 넘겨봅니다

환승

공원벤치에 마치 로댕의 '생각하는 사람'처럼 앉은 늙은 재두루미가 썰물이 지는 검은 갯벌에서 재두루미 한 마리 붉은 석양을 등에 업고 긴 목을 앞으로 끄떡끄떡하며 걷는 모습을 멍하게 바라보며 중얼거립니다 **공중에서 날갯짓 하는 것도 지겨워** <u>물속에서 걷는 것도 재미없어 벤치 위에 앉아있는 것도 어쨌힘들어 그만 흙바닥에 눕고 싶어</u> 자신을 뒤돌아봅니다 대나무가 하늘로 푸르게 치솟아 오르는 것은 제 속을 텅텅 비우기 위해서인 것을 늙은 두루미는 알면서도 막상 제 속을 못 비웁니다 한 때는 빨강 노랑 파랑이기도 했는데 종국에는 검정이었습니다 졸리는 눈으로 옆을 맹하게 바라보니 동백나무가 제 엉덩이를 맡긴 흙바닥에 하양 꽃을 송이 째로 툭툭 떨어뜨리고 있습니다 늙은 두루미는 남들이 자기를 바라보는 눈은 빨강노랑파랑일 수도 있겠다는 생각을 합니다 늙은 두루미는 굳이 검은 그림자를 바닥에 남기고 싶지는 않습니다 생을 갈무리할 때는 흙바닥에 소복이 내린 하양 동백 꽃송이처럼 흰빛을 남기고 싶습니다 대나무처럼 하늘에 시선을 두고 마음을 넓게 비우고, 흰 동백꽃처럼 어떤 것에도 휘둘리지 않고 모든 것들을 툭툭 내려놓고 싶습니다

*주의 : 남들이 자기를 바라보는 눈은 빨강노랑파랑일 수도 있겠다는….

하재우

한국외국어대 졸업
'월간시' 제31회 '추천시인상'으로 등단(2021)
본명 하재환
gajaeul21@naver.com

시인의 길을 선택한 후 다행스러운 것은 삶을 정제하고 순화시키라는
고상한 배설 양식을 찾았다는 사실에 대단한 자부심을 갖고 있다.
지난가을 고향엔 비가 장마처럼 오락가락 궂은 날씨 탓에 노모의 곁을
자주 왕래하며 어머니의 넋두리 같은 혼잣말을 듣고 착상한 시와
더불어 본 시편들의 시적 대상에 대한 관심은 체험을 통해
이루어진 산물이다

밀주(密酒) 항아리

아랫목에 묻어둔
항아리에 괴어오르는 표정이 어둡다
어디서 귀동냥을 했는지
할머니 안테나에 단속반이 잡혔다
농익은 술기운에 항아리는
고개턱을 몇 번씩 넘고 또 넘었다
삽짝 너머 삭정이 나뭇단 더미 속에도
콩밭 속에도
한가득 보리쌀이 익어갔다
논에 피를 뽑던 할아버지 얼굴도
빨갛게 능금처럼 익었다
이 계절에
걸쭉한 막걸리 한 사발 생각나는 것도
막걸리가 농사를 지어 주던
유년(幼年)이 그리워지는 것도
불면의 밤을 보내고 있는 나에게는
애환이 담긴 보약 같은 추억이다
항아리를 가득 채웠던
이웃과 함께한 넉넉했던 인심
명절이 다가오면
꼬들꼬들한 쌀알의 술밥 한 움큼
집어 먹었던 추억이
항아리 속에 괴어오르고 있다

불암산 소쩍새

소쩍새 청승맞게 울어 울어
오지 않는
그를 기다리는 밤

초저녁잠에 취해 자다 깨다
소파에 누워
심신의 안정을 청하고

두 직선이 이루는 각과 각에 따라
달라지는 내 시선처럼
산자락에 더부살이 하고 있는
호사도 흔들리는 봄이다

목청 구성진 슬픔
이심전심 불암산 붙잡고
목 놓아 울고 싶은 밤

연일 비 소식에 우는 사람이 있다

계절은 어김없이 찾아오고
무심코 지나간 처서가
나흘 지나 앉아 있다

네 배불러 쏟아 버린 국물처럼
우중은 질퍽질퍽하고 어둡고
연일 비 소식에 우는 사람이 있다

아흔 넘어 텃밭만 쳐다보는 울 어무이
한 끼 봉양마저 앗아간
이 염치없는 것아

더러는 먼 곳으로 돌아가련만
저 낙숫물 소리
메마른 내 맘 속에 뿌려다오

이경선

서강대학교 졸업
'월간시' 제2회 윤동주 신인상 당선(2021)
시집 『소란이 소란하지 않은 계절』 『그대, 꽃처럼 내게 피어났으니』
현재 가치성장센터 운영
tut3114@gmail.com

행복을 바랐다. 무엇을 해야, 행복한지도 모른 채 행복해지고 싶었다.
젊음은 그런 내게 수많은 먹거리를 던져주었다. 배가 부른지도 모른 채
욱여넣었다. 그럴수록 더욱 메말라갔다. 모순은 멀리 있지 않다.
편안해진다. 글을 쓰는 순간은, 똑바로 바라볼 수 있다. 어둠, 안에
감춰둔 부끄러움을 꺼내어본다. 걸음을 옮기고, 시선을 둔다. 그리고
사랑을 하고— 행복이란 특별한 게 아니다. 특별해서 갖지 못하는 것도
있다. 행복은 여기에, 당신에게 가 닿을 것이다. 분명!

북두칠성

쏟아지듯 창가에 걸려 있다

한 떨기 복숭아꽃처럼
여인의 허벅지처럼 풍만한, 달빛

별 하나, 별 둘, 별 일곱쯤 태어나는 별자리들
앞다투어 빛나려는 몸짓들

지난밤 끓여낸 뭇국처럼 맑게 떠오르는 것들

이어지는 모양은 한 마리의 페가수스
꼬리를 세운 전갈
훌쩍 날아가는 새

가끔은 별똥별, 길을 잃고 떨어지는 자리에서는
허공이 자라고

국물을 한 국자 떠서는 부었다
다시 한번 채워지는
빛무리, 악사들, 곧이어 피어날 재잘거림

한밤의 유쾌함을 떠올리면서
죽은 별에서도 먼지 한 톨쯤, 살아 있을 거라고
생각하면서

북두칠성,
마주치는 생명의 음표

밤하늘이 끓어오른다, 빛은 태어나고

무리 지어 날아가는 새, 새 떼가 있다.

미싱 mishin

밤하늘 빛나는 돌고래 떼

우주의 그림자에서 불타는 태양처럼
반짝이는 것들이 오고 있다

파도가 반긴다 돌고래의 눈빛이
부서지는 포말처럼 사방에 흩어지고
눈을 맞춘다,
블랙홀 같은 눈망울에서
은하수가 자라고
한 방울 떠서는 입안으로 턴다

들려오는 폭죽 터지는 소리
방울들 부닥치는 소리
부닥치는 것에선 또 하나의 태양이 태어나고

충돌이 일상인 파도는 그래서 빛난다
돌고래의 등줄기를 타고 자라는 산호초가 붉고

하늘을 나는 돌고래 떼
둥근 허리를 하늘에 걸어두고

녹아내린다 허물을 벗은 몸뚱어리가 물밑으로
흐른다 넘쳐흐르면 곧 파도가 될 것이다

촘촘한 연결이 이어지고 있다

홍매화

붉은 꽃피운
겨우내 뭉근하였을
연정

가지마다 잔설도
봄바람에 흩어지고

저 마음만 붉게
요동치고 있어라!

김종숙

'월간시' 제3회 윤동주 신인상으로 등단(2022)
'월간시인'에 포토에세이 연재 중(2024)
macra55@naver.com

"조선 천지 내 손으로 안 더듬고 다닌 디 없소 싹 훑고 다녔어야."
영월 오일장에서 나물 파는 할머니가 하시는 말씀이 시가 되었습니다.
내가 본 풍경을 사진을 찍고 행간을 맞춰 글을 쓰다 보니 그것이 시라고
하였습니다. 사진과 시는 내가 살아온 인생입니다. 요즘 시는 너무
어렵습니다. 쉬운 언어로 독자들에게 다가서고 싶었습니다.
시를 짓고 사진을 찍으며 배운 거라고는 피사체가 나를 바라보는
눈빛을 알아채는 것이었습니다. 내가 찍은 사진은 노래도 하고
시도 쓰고 옛날이야기도 합니다.

오월 보리

기웃거리며
넘을 담도 없고
울타리도 치지 않은
황토밭 위 잔물결

바람아 불지 마라
구름아 몰지 마라
무작정 세상에 뿌려진
철없는 오월의 처녀들이다

가슴에 심은 말

무성히 자랄
저 풀은
아픔이거나
설렘이거나
추억인 것을

그대가 퍼내지 않으면
저 숱한 것들은
애달파 하지 않으리

냉이꽃이 피었다

비 그치자 손톱만 한 이파리에
냉이꽃이 피었다

댓잎에 떨어진 물먹고
올망 졸망 달래 옆에 숨어있다

먼 훗날
누가
여기
찾아오면

나 냉이꽃 속에 숨어버릴란다

조선달

충남 청양 출생.
경희대 국어국문학과 졸업.
'월간시' 제4회 '윤동주 신인상'으로 등단(2022)
현 국어 전문 강사
galmemot@naver.com

「소묘 단상」 뒤늦게 그림을 배우게 된 지인이 처음으로 아버지를 그렸다며, 그림에 '그리운 아버지'라는 제목을 붙여 사진을 보내왔다. 그림에 대한 감상을 시로 붙여 보냈다. 「불치병」 한여름에 도심을 걷다가 그늘막에서 문득 아버지를 떠올렸다. 가족을 위해 무더위 속에서 양철지붕을 고치는 아버지를 시로 새겼다. 「농부의 봄」 허기를 달래려 찔레 꺾고 삘기 뽑던 어린 시절에 봄은 왔지만 보릿고개에 배고픔 달래며 노동에 시달리던 아버지의 모습이 눈에 선하다.

소묘 단상
-그리운 아버지

목수였던 아버지는
온 몸에 소나무향을 안고
집에 돌아오셨다.

대패가 지나간 나무 속살 가득
생계가 단단한 옹이로 박히고
나무처럼 이마에 나이테를 새기셨다.

남겨 놓은 먹통 하나 없어
옛 이야기로 그려 낸 아버지는
창백한 톱밥처럼 가슴에 쌓이고
그리움은 유산으로 튕겨 놓은
지워지지 않는 먹줄로 스몄다.

불치병
-그리운 아버지

한여름 폭염의 지붕,
생계의 망치질로
무수한 땀방울을 박아대는 아버지.

부성父性의 그늘막 되어
내 가슴에 몰래 박혀
통증 없는 아픔으로 자라는
불치의 그리움.

아프지 않은 것은
치유할 수 없다.
사랑은 통증 없이 다가오는 병.

농부의 봄

산봉우리 넘느라
봄바람이 허기졌나 보다.
찔레꽃 향기 한줌 머금으려다
그만 가시에 찔려 윙윙 운다.
한 발 물러서서 눈치보던 바람이
작정하고 다시 다가서면
지난겨울 된바람에 얼었던 마음이
가시 돋쳐 찌르는 찔레꽃.
밭가생이 할미꽃이 풀숲에
숨어서 봄을 지켜보다
가시에 찔려 우는 바람을 보듬는다.
극젱이 끌던 늙은 암소의 눈망울에
봄이 그렁그렁하다.
5월의 들에는 보리가 아직은 푸르고
산중턱 화전밭 빌려 짓는 아버지.
한끼 밥의 고달픔에
쉬이 오지 않는 농부의 봄.

이재근

1965년생
인천 태생
'월간시' 제32회 '추천시인상'으로 등단(2022)
시집 『부추꽃이 피었다』
jethlee@daum.net

떠도는 풍경처럼 눈에 밟히는 모든 것을 기록하는 시간을 넘기고 싶었다. 글이 손에 잡히지 않는다. 힘겹게 시의 흔적을 찾아 속삭이듯 숨겨놓았던 단상들을 찾아본다. 얼마나 다듬어야할지 알 수 없지만 이마저 시간에 묻히게 놔두면 사라져가는 아침 안개처럼 무채색으로 변할 듯 싶다. 미련으로 글감을 톡톡 두드린다. 정신을 차리는 계기가 되기를 바란다. 여전히 무엇이 나의 시작의 길에 남아있는지 가늠하기 힘들다. 그래도 할 일은 해야 하지. 시가 꿈틀거린다.

사랑이라는 게

자꾸 주고 싶은데
줄게 마음밖에 없네
손을 잡으면 마음이 전해질까
따스한 체온을 기대하지만
찬 바람에 손이 차다
힘을 준다고 마음이 더 잘 전해질 리 없는데
무심한 손아귀 힘만 세진다

피식 웃어제끼면
다 풀리는 걸 알기에
더 줄 수 없는 게 서럽다
미소 하나를 이길 사랑의 증표가 없다
무언가를 주어야 하나
주저함이 늘어난다
사랑이라는 게
아쉬워도 손을 꼭 잡는 게
가장 따스하다는 걸 안다

사랑이라는 걸 알면
마음의 울림만한 게 없다는 걸
차가운 손끝만 닿아도 알게 된다
체온이 가장 빠른 길임을 느끼듯 말이다

섬생활

쏟아지는 섬들을 눈앞에 마주하자
갈 곳이 늘어간다
쉽게 들어와
생각없이 머물다
살 곳이라 여기던 장소.
불현 듯 생각나는 미소 하나로
모든 결정을 무너뜨린 날
희미한 섬은 오늘따라
더욱 선명히 능선을 이룬다
어느 곳을 택하든
사람에 잊히고 나서야
섬에 살고 있음을 알게 된다.

미련

저 배는 무슨 사연 담아
아침 시간마저 바다를 떠돌며
불을 밝히는가
밤새 잔잔한 파도에 감사하며
불빛 깜빡이던
수많은 고깃배가 사라지고
불빛만으로만 남았던
해상풍력이 날개를 휘이 돌리는 시간
무슨 미련이 그리 남아
불빛 가득한 채 해안을 떠도는가
만선의 꿈이 남았던가
약속된 시간이 못 미쳤던가
육지에 닿으면 또 다른 슬픔을 맞기 싫어
시간이 마르도록
고요를 틈타 떠돌고 있을까
하나 둘 육안의 섬들이 깨어나는데
머무는 자의 눈에는
여전히 희망과 불안이 겹쳐 흔들린다
바다가 가로막고 있기에
편하면서도 기다리는 것이리라.

이향연

'월간시' 제32회 '추천시인상'으로 등단(2022)
월산시 동인지 『그 들판에서 하프 소리 들린다』
ku1ku12727@naver.com

사랑하는 사람들에게
사랑하는 가족, 이웃들이 있다는 것은 참 행복한 일입니다.
그들에게 가장 값진 것을 주고 싶습니다. 시간이 지날수록 깊어지는
사랑의 언어, 한 자 한 자 정성을 다하고 혼신의 힘을 다할 때
시가 빛나는 생명이 되기를 소망합니다.

트랙을 걷는 둥근 언어

둥글게 해를 따라가던 세월
켜켜이 쌓인 주름
차마 보여줄 수 없는 비밀한 속살
오늘도 우상처럼 원을 걷는다

겹겹의 궁수의 원처럼
마추픽추의 원형경기장처럼
매일 초침 따라가는 일상의 자유는
타들어가지도 않는다
이유도 없다

소나무의 가득 뻗은 가지는
몸의 균형을 위한 것만이 아니다
광합성 때문만도 아니다
손가락 가득 솔방울 반지만을

위해서도 아니다
그것은 바람에게 내어주고픈 어깨
새들에게 내어주고픈 안식처
더 많은 손 내밀고픈 자비
그것은 태양을 향한 순정

밖에서는 볼 수 없는 언어
휘영청 달빛 아래 가슴에 새긴 언어
별이 뜬 밤에 트랙을 걷는
둥근 언어, 나이테
키가 큰다

사천 해변에 묻어 둔 보물

파묻어두었던 울음을
찾으러 온 사구에
태초부터 지금까지
순종해 오던 파도의 포말
내 발 앞에 멈추면

내 작아진 겸손은
머뭇거리며 풍화되어가는
조개를 줍는다

갈매기의 울음은
내 안의 불순물을
거두라는 경고

울음을 꺼낸 그곳에
다시 감사의 찬송 하나 묻고
브엘세바* 길을 떠난다

*브엘세바: 맹세의 우물(창세기 21장 31절)

단 하나의 내 편 목련꽃

기분 좋은 3월의 마지막 날
목련꽃이 피었다는 건
세상에 내 편이 하나쯤 있다는 것

빨래하는 자가 이보다
더한 빛을 낼 수 없는 신묘막측
너의 웃음은 부활의 그날을 떠올리게 해

빈 무덤의 끝에 보이는 여명
이슬 한 자락에 활짝 핀 그림
세상에 단 하나의 내 편인 듯 해

최병국

송산종합고등학교졸업
'월간시' 제33회 '추천시인상'으로 등단(2022)
송산주민자치회장
noona007@daum.net

손주 하나 간신히 얻고 한숨 돌리는데 출산율 0.6%대 곧 온다고
난리법석. 예쁜 모자 씌운 개모차에 의젓한 강아지 두 분 며늘은
입을 막고 웃고 할매는 계속 어머 어머 연발 귀엽긴한데 묘하기도 하고
그것참 뭔가 섭섭하기도 한 기분이다

유모차 세 대

가임여성 출산율이 어쩌고
손주 안고 쇼핑몰에서 나왔다.
횡단보도 건너편
유모차 세 대 눈에 뜨인다.
귀하디귀한 아기들이다
파란불 들어왔다
횡단보도 들어서자 바뀐… 다.
점점 가까이 온다.
횡단보도는 마술장이
아기 한 분
개 두 분 지나가신다.

백합

땅속 깊숙한 곳
컴컴하고 축축한 겨울을 보내면서
꼬옥 감싼 손가락 모아
꽃대를 단번에 크게 키워낸다.

겨드랑이마다 새 생명을 잉태한
흑진주를 박아 쥐고
겨울내내 달여 만든
옥빛 향기로 주변을 옭아맨다.

내 코도 걸리고 아내 코도 걸리고
강아지 모찌도 킁킁
코걸이를 떼어내려고
아침부터 기분 좋은 고생을 한다.

백합 향기에 취하면
아주 심히 취하면
어쩌면
빙긋이 웃으며 죽을 수도 있겠다.

거친 손바닥

소쩍새 울음소리 스산한데
하늘 꼭대기
구름 댕기 두른 하얀 달
구름결 헤치고 살짝 내민 얼굴
내가 백 점 맞았을 때 웃으시던
엄마 얼굴 닮았네.
나도 모르게
작은 목소리로… 불러 본다.
엄… 마
갑자기 먹먹해지는 가슴
농사일로 거칠어진 손
등잔불 아래 양말 꿰매시다
내 작은 등 긁어 주시고
체한 배 문질러 주시던
엄마 울 엄마
생각나는
울 엄마 거친 손바닥
지금은 어디에도 없… 다.

최현아

단국대학교 일반대학원 문예창작학과 박사과정 중
'아시아 서석문학' 신인상 수필 등단(2021)
'한국수필' 신인상 수필 등단(2022)
'월간시' 제33회 '추천시인상'으로 시 등단(2022)
수필집 『삶이란』
시집 『삶과 사랑의 맑은 풍경』
choi5463kr@naver.com

「4」는 삶과 죽음을 바라보는 저의 삶의 철학입니다. 어렸을 적엔, 외로움이 무서웠지만, 지금은 고독을 즐기는 사람이 되었습니다. 「깊고 외로운 고독」은 왕따나무를 처음 본 순간 고독한 인간의 삶이 떠올라서 짓게 되었습니다. 나의 삶에 있어서 커피는 큰 위안이자 즐거움입니다. 커피의 쓴맛, 단맛, 신맛은 마치 인간의 삶의 모습과 많이 닮았다고 생각합니다.

깊고 외로운 고독

세상에 고독한 자가 너 혼자겠느냐
혼자 떨어져 있는 모든 것은 살아있음을 증명한다.
화성시 송산면 고정리 광활한 벌판에
깊게 뿌리내린 왕따 나무처럼
형도에서
출항을 꿈꾸는 녹이 슨 채로 버려진 파선처럼
아이들을 기다리는 폐교의 잔해처럼
고독에서 벗어나려면
군중 속에서 살아남으려면
고독은
더욱 깊게 뿌리내려야 한다.

커피

내 머리 위에 무색무취 무맛의 액체가
몇 방울씩 떨어진다
산소와 수소는 어떤 맛일까?
그리스 철학자 텔라스는 물은 우주의 기본원소라고 말했지
물이 눈, 안개, 우박, 얼음 수증기로 형태가 변하듯

에스프레소에 우유를 붓고 캐러멜 시럽을 얹어 마키아토가 되었다

물이 없으면 불가능한 삶
오늘도 나는
에티오피아 상록수 커피나무 아래에서 비에 젖은 쓴 열매를 집어삼킨다

4

오늘 아침 지인한테서 스무 살 조카가 죽었다는 비보를 듣고
모두 피하고 싶은 죽음의 숫자 4를 떠올렸어
엘리베이터 안에는 'F'층이 있을 뿐 숫자 4는 없다
외면하면 외면할수록 자꾸만 떠오르는 4
자연수 양의 정수 유리수 실수에도 들어가는 4
3보다 크고 5보다 작은 합성수 4
기독교의 육체의 숫자 4
세월이 흐를수록 늘어만 가는 4
식탁 김치냉장고 TV 전자레인지 건조기 냉장고 옷장…….

흙에서 태어나 흙으로 돌아가는 삶
사망을 선포합니다
당신은 법률상 자연인이 되었습니다

조카에게서 전화가 옵니다
오늘 새로운 4람이 태어났습니다

유이정

전북 완주 출생
'한국문인' 신인문학상으로 등단(2022)
현 서초구자원봉사센터 자원교육강사
자원활동가
momoyat@naver.com

시는 나의 것이 아니라고 생각했었다.
어렵고 막연한 것이라는 오해와 편견을 갖고 있었다.
언제부터인지 마음으로부터 차단을 하고 있었던 것이리라.
코로나 초반에 지뢰밭을 걷는 듯한 불안한 마음에
시를 낭송하게 되었고 평정을 찾았다.
노숙인 무료급식소에서 배식봉사를 하면서 쓰고 싶어졌다.
나를 나답게 하는 시쓰기, 오늘도 나는 시를 쓴다!

봄 핀 정원에서

바람은
혼자 노래하지 않는다

시리고 설운 이야기
꽃잎으로 피어나고
휘파람 소리 내며 달려가네

한 잎, 두 잎
꽃망울 물들이며
아침을 드르륵 두드리는

봄 햇살
그대와 함께
마주 봄

꽃 시절

십 년 전 오늘
세월이 보낸 사진편지
그 시절 스치운다

막둥이 오개월 아기
셋째가 네 살
딸들이 초등학생

너희가 피어나고
내가 꽃 피던
그 시절

-내 잔이 넘치나이다
사진 들여보며 두 손 모으네

사 남매
유년의 울타리로
다시 돌아가고 싶어라

세오

그에게서는
멀리서도 서늘한 냄새가 났다
뒷모습은 구부정했고
가늘고 긴 그림자가 따라다녔다
나는 인정받지 못했기에
그를 이해하려고 하지 않았다
수평선을 떠가는 것처럼 닿을 듯 말 듯
잡히지 않는 그를 외면하게 되었다
나는 이제야 알아간다
악몽으로 새벽잠을 시달려도
그는 혼자서 삼킨다는 것을
넘어질 듯 비틀거림을
파란 파란 기운이 지켜내는 것을
오늘을 지탱하는 힘인 것을

5,

윤동수

문연 학술·문학상 우수상 수상(2020)
'월간시' 제34회 '추천시인상'으로 등단(2023)
dsyoon08@naver.com

고향을 떠나 살다 보니 연락이 끊긴 친구도 있고 휴대폰에 연락처는 있지만 몇 해째 문자나 통화를 안 한 친구도 있다. 잘 살고 있겠지 하는 막연한 기대는 무소식이 희소식이란 말과 겹쳐지며 또 하루를 그렇게 보내게 된다. 간암으로 고생하던 고향친구의 부고 문자는 가슴 한 구석이 뚫린 듯 허전하다. 불행 중 다행이라면 간암은 전이가 되기 전까지는 통증이 없다고 했다. 행복한 가게는 늘 웃음꽃이 피는 그네들만의 화원이었다. 오늘도 행복하기를 소망한다. 하얀 운동화 아저씨는 이름은 몰라도 음성이나 걸음걸이는 지금도 기억이 난다. 내 나이가 칠십이 다 되어가니 하얀 운동화 아저씨도 저 하늘의 별이 되었지 싶다.

하설夏雪

망월사 가는 길에
철길을 따라 하얀 눈이
소복하게 쌓여있다
냉방기가 돌아가는 전철에서
내다보는 풍광이 얄궂다
햇살도 따가운 여름 한낮
철로 위로 일렁거리는 아지랑이
덩달아 춤추듯 흔들리는 하얀 눈

울긋불긋 등산복 차림의 사람들이
철길 건널목을 두런두런 건너간다
등산객들과 어우러져서야
그 사이로 언뜻언뜻 보이는 것
담장에 줄지어 하늘거리는 것들은

생각만 해도 마음이 얼얼한
안개꽃 무리였다

망월사역에서 내려 걷자니
그대 생각에 어질하여
길섶 바위에 걸터앉아
오던 길 돌아보니
나를 감싸는 안개
먼 길 떠난 그대 생각에
가슴에서 그렁그렁 눈물이 솟고
하설夏雪이 천지간에 흩날린다

행복한 가게

큰길가에 과자가게 주인은 마음씨가 고와서
단골손님이 많은데 그중에서도 여주인 닮은
중년의 여성손님은 그야말로 진국 손님들이다
어쩌면 손님이라기보다는 오래된 친구 같다

부모님이 구멍가게를 하셔서 그 영향으로
어른이 되면 과자공장에 취직을 하리라
마음을 먹었는데 과자가게를 하게 되어
꿈을 이룬 것이나 마찬가지라며 웃는다

단골 여성손님은 새로 나온 과자를 시식하며
어렸을 적 회상에 젖어 이야기꽃을 피운다
엄마가 시장에서 장사가 끝나면
쌀과자, 튀김과자를 함지에 이고 오셨어요
환하게 웃는 모습은 엄마와 꼭 닮은 모습이리라

제가 과자를 많이 가져서 행복하고
작은 과자도 나눠줄 수 있어서 행복하고
많은 사람을 만날 수 있어서 행복하고
건강하게 일할 수 있어서 행복하고
이 가게에는 행복이 가득한 것 같아요

예찬으로 행복한 여주인의 시심이 너무 고와서
가게에 오시는 손님들도 눈빛이 맑고 고우시다

하얀 운동화

문간방에 사글세로 살던 아저씨는
늘 하얀 운동화를 신고 다녔다
제분공장에서 작업화로 준 운동화를
여분으로 얻어서 신고 다닌다고 했다
인사성도 밝고 선한 눈매에
곱상하게 생겨서 어른들이 좋아했다

길에서 마주치면 내 머리를 쓰다듬으며
조용히 웃고는 걸음걸이도 얌전하게
골목 어귀를 돌아서 한길로 걸어갔다
방범등도 없는 골목길에서 어렴풋이
사라져 가는 하얀 운동화 아저씨

어느 저녁 무렵 웅성거리는 소리가 나고
하얀 운동화 신은 아저씨는
수갑을 찬 채 사복형사에게 끌려갔다
폐병 걸린 아내의 약값 마련으로
남의 집 담을 넘어 다닌 하얀 운동화

아저씨는 낡은 흑백사진처럼 남아 있다

김성준

'월간시인' 특별신인상으로 등단(2023)
월산시 동인
현 우주상사 대표
kimsoungjoon@naver.com

봄은 청춘이고 청춘은 봄이다.
봄은 항상 설레고, 소망이 가득하다.
불투명한 미래 때문에 불안했던 날들이지만
어둡고 끝나지 않을 것만 같던 긴 터널을
갓 나온 안도감이 든다.
내 인생의 봄날이 계속되기를 소망한다.

청춘

반짝이는 봄 햇살
단아하게 손짓하는 연분홍 꽃잎

그 고운 손짓
설레는 미소 머금고
두런두런 연인 사이 이야기 들으러
사뿐사뿐 내려앉아 있다가
후우 부는 살랑 바람에
미련 가득 싣고 날아간다

흩날리는 연분홍 꽃잎 보고 있자니
사랑했던 청춘님 그리워

길거리 흐르는 노랫소리 맞추어
연분홍 꽃잎이 비처럼 쏟아진다

길거리엔 저마다 행복 가득한 벚꽃 미소
봄바람에 흩날리는 벚꽃잎처럼
지나간 내 청춘도 피고 진다

봄 햇살에 마음이 녹는다

겨우내 꽁꽁
얼어붙은 마음
살며시 내게 다가온
봄 햇살의 따스한 손 길

마음속 깊이 숨겨 두었던
작은 사랑의 씨앗
봄 햇살에 싹을 틔우고
사랑으로 감싸 안으니

얼어붙은 마음이 눈 녹듯
녹아내린다
반짝이는 봄 햇살이
참 따뜻하구나

꽃 봄

따스한 봄 볕이
수줍은 미소 지으며
내게 조용히 다가와
살며시 감싸 안아주는
어린 꽃 봄

수줍은 미소 머금고
양팔 크게 벌려
내 품에 안기니
겨우내 얼어붙은 마음이
참 따뜻해지는구나

백정희

백석대학교 음악대학원 교육학석사(음악교육학)
'월간시인' 특별신인상으로 등단(2023)
sory0717@hanmail.net

시와 음악은 서로 참 많이 닮았습니다. 비가 내리는 날 음악을 들으면 더는 바랄 게 없는, 세상에서 가장 행복한 사람이 되곤 합니다. 시도 제겐 음악과 같습니다. 시어들 속의 선율과 향기가 저를 행복하게 해줍니다. 시와 음악이 함께 사랑이라는 새로울 빗줄기가 되어 세상 곳곳으로 스며 마음을 따뜻하게 녹여 주고 어두운 곳들이 밝아지는 일들이 일어났으면 좋겠습니다.

여백

하얀 종이에 시선을 맞추고
뚫어지게 바라본다.
내 얘기, 남 얘기
되는대로 끄적이다가
맞는 것도 틀린 것도, 흘러들은 것도
진리인 듯, 내 주관대로
꾹꾹
연필을 쥔 손에 힘이 들어간다.

너는 네가 옳고, 나는 내가 옳고
빼곡히 여백을 채운 글자들
진실과 거짓이 뒤엉켜 엉망진창
모두가 진실인 양 뻔뻔하기 그지없다

너도 싫고, 나도 싫다
지우개로 빡빡
종이가 찢겨 나가도록 지우고 또 지운다.

너덜너덜 쓰레기처럼 헤진 종이
내 얘기도 없고, 네 얘기도 없는
버려져야 할 것 같은 여백
그제야, 진실이 보인다.

봄비가 오네요

봄비가 오네요, 연락도 없이
부르지도 않았는데 봄비가 오네요
겨우내 눈보라 속에서
차디찬 얼음 밑에서
어찌 혼자 견뎠냐고
두 눈 반짝이며 말 걸어 오네요
못 본 척
두 눈 꼭 감고 숨죽인 내게
꽃향기 머금은 물 내음 마음에 뿌리고
가만가만 봄비가 오네요
다시는 피지 못할 꽃처럼
향기의 흔적조차 없는 겨울 끝자락에
꽃샘추위 질투 달래주며
차디찬 대지 위로
가만가만 봄비가 오네요

어머니의 부엌

어느 여름날, 후덥지근한 부엌
가족의 식사를 위해
늘 분주하셨던 뒷모습을 기억합니다

가만히 뒤에서 껴안으면
땀과 함께 푸근했던 어머니의
냄새가 그립습니다

문밖을 나설 때면
차 조심하라며 등을 두드려 주시던
그 사랑을 마음에 간직합니다

어머니의 모든 것이 내 삶에 녹아있기에
문득 어머니가 보고 싶은 날
나는 거울을 보며
내 안에 계신 어머니를 바라봅니다

환한 내 미소에서
가족을 걱정하는 내 눈빛에서
어머니는 언제나
나를 보고 계시네요

이현희

'월간시인' 특별신인상으로 등단(2023)
'월간시인' 제정 '올해의 시인상' 수상(2023)
건설사업관리 전문가(CMP)
서울시인협회 사무차장
시집 『그래서 행복하십니까?』
faincm@naver.com

'월간시인' 창간을 함께 한 시인으로서의 1년은 제게 많은 것을 주었습니다. 마치 밤하늘 달의 침실을 기웃거리며 꿈꾸는 것 같았습니다. 침실을 엿보려다 창문에 비치는 제 모습에 화들짝 놀라기도 하고, 별들이 밤에 지은 시를 새벽에 옮겨 쓰면서는 가까운 듯 먼 저를 발견하기도 했습니다.

달의 침실

어두움
초승달에 걸터앉아
그네를 탄다

밤안개
망사커튼 둘러치고
창밖에서 망을 선다

요염한
밤하늘 엿보는 나는
제 그림자에 놀라서 숨고

보름달
만삭 몸 풀어헤친 밤
그대는 침실 창문을 열고

달덩이 말갛게 웃으면, 그뿐.

밤이 짓고 새벽이 쓴다

해와 달이 잠든 후에
길 잃은 별빛들
하나둘 모여들어 밤을 만든다

어둠 속에서 두런두런 나누는
기쁘고 슬픈 별들의 이야기로, 얽힌
이슬방울 풀잎에 기대어 눕는다

붉은 해가
멀리서 하품할 즈음
바람이 먼저 일어나고

풀잎에 매달린
밤이 지은 유리구슬 닦아서
메마른 가슴에
방울 하나 똑 떨구고 지나가면

새벽은
얽힌 사슬 풀어서 쓰고
옹기종기 별의별 소리를 듣는

동이 터 온다.

가까운 듯 먼

갓 찍은 내 사진을 본다

편하지 않은
살아온 노폐물이 잔뜩 엉긴
찌푸린 인상이 눈에 거슬린다

낯선
은유나 비유가 아닌 직설만 있고
쉽게 쓰여 지지도 않았다

시답잖다

퇴고를 얼마나 하면
편하고 유순하고 쉽게 고쳐지려나

자고 일어나 거울을 본다
사진보다 훨씬 편안해 보이다가
천천히 사진처럼 되어간다

어쩌겠는가
시간이 조각한 작품인 것을
먼눈으로 읽고 감상해야지.

이 진

한국방송통신대 문화교양학과 졸업
한국방송통신대 국문과 재학중
'월간시인' 제1회 신인상으로 등단(2023)
스터디그룹 '시인부락' 동인
현 인천시설공단 근무
1840love@naver.com

시는 악기가 없이도 마음으로 부르는 노래가 아닐까요? 아직은 완성되지 못한 노래지만, 마음으로 가슴으로 부르고 또 불러봅니다. 고운 시어들이 가득한 악보 한 장, 한 장을 넘길 때마다 감사함을 느낍니다. 어느 날 저의 시도 제가 사랑하는 이들에게 아름다운 노래로 날아가기를 희망하면서, 오늘 작은 시를 노트에 옮겼습니다.

겨울 강가를 서성거려요

엄마는 말씀하셨죠
애야 물가에는 가지 말아라
몸도 마음도 물기를 먹으면
무거워 못쓴다

강가에선 아무렇지 않은 척
몰래 눈물 흘려요
강가에선 지나가는 이의
눈물을 자세히 보지 마세요

물이 가득한 강은
어제보다 더 천천히 흘러요
어쩌면 더 나아질
기회를 주고 있는데
내가 알지 못하는 걸까요

엄마는 말씀하셨죠
애야 물가엔 가지 말아라
한기 들어 아플라
어서 집으로 돌아가
나로 살아야겠어요

잠시 망설이던 강도
이제 편안히 흐르겠군요

봄

오랜만에 새소리를 들었다
무엇이 저리 신날까
귀를 대보지만 알아들을 수 없다
한참을 동네가 시끄럽겠다

베란다 구석 버릴까 말까 하던
말라버린 철쭉이
보란 듯이 꽃을 피웠다
얼마나 내가 밉상이었을까
미안해도 모른 척 물을 주었다

길가 할머니에게
냉이 한 봉지를 샀다
뚝배기에 된장 풀고 끓이니
어느 밭고랑 흙 맛인지
밥 한 공기를 비웠다

엄마에게 전화를 걸었다
밥은 잘 먹고?
아픈 데는 없고?

한참을 듣기만 하더니
야, 밖에 좀 봐라
해가 참 좋아

오늘은 해가 참 좋은 날이다

용한 점집

사는 것이 하도 답답해
용타는 점쟁이
도움이라도
받아볼까 찾아갔다

뭐 잘 풀릴 방법 없을까요

밥 굶어? 아니요
어디 아퍼? 아니요
백수야? 아니요

그럼 그냥 사는 데로 살아
시답지 않은 소리 하지 말고

시답지 않은 시인을
어찌 알았을까
용한 점집이 맞나 보다

복채 오만원을 공손히 드리고
한바탕 웃었다

조은경

서울 출생
연세대학교 공과대학(공학박사)
'월간시인' 제1회 신인상 당선 등단(2023)
연세대학교 생명공학과 겸임교수 역임
(사)한국여성발명협회 7대 8대 회장 역임
현 (주)다손 대표이사
eukcho@gmail.com

시를 씁니다. 머릿속 뒤엉켜 있던 생각, 글로 변환되며 정리되어 눈에 보입니다. 가슴 속 쌓인 감정들 글로 빠져나와 차분히 종이 위에 가라앉습니다. 빠져나간 생각과 감정들 차지하고 있던 자리 하얗게 빈 공간 생기고, 새로운 사유와 명상들이 다시 채워지기 시작합니다.

기적

쓰레기 처리장 한 귀퉁이,
잃어버린 귀한 물건을 찾는 듯
할머니 한 분 웅크리고 앉아
쓰레기봉투 풀어가며
내용물 하나 하나 꺼내 살피신다
배달음식용 플라스틱 용기
하나 둘 끄집어내시다가
잽싸게 따지 않은 캔 사이다 하나
집어 올려 손에 꼬옥 쥐신다
남은 한 손으로
절박한 삶 속
아픈 파편들
뒤지기 시작 하신다
부디,
기적이 일어나시길

달 치즈

천체 망원경
들여다보며
꼬마가 소리친다

엄마,
달이
엄청 커요!
그래?
엄마도
좀 볼까?
와,
정말 크고 둥그네
근데 왜 달에
구멍이 이렇게 많지?
그건,
달이
치즈라서 그래
달 치즈는
우주비행사만
먹을 수 있다!

불꽃놀이

친정엄마와의 가슴 설레는 선상데이트,
캄캄한 밤하늘로 쏘아 올린 수백 개의 폭죽
찬란하고 화려한 불꽃으로 변하여
머리 위로 무수히 쏟아져 내렸다
모두 환호성 지르며 바라 본 불꽃놀이!
그러나 두 손으로 귀 막은 채
사색 된 얼굴로 안절부절 못하시며
사람들 속으로 몸을 피하시는 엄마
몸을 벌벌 떨며 발을 동동 구르고 계셨다

엄마에게 선상 위 수백 개의 폭죽 터지는 소리는
70년 전, 6.25 전쟁 당시 맨몸으로
어린 자식들 들쳐 업고, 부둥켜 안은 채
죽음의 공포 속에서 들으셨던
폭탄 터지는 소리, 대포 소리, 따발총 소리,
바로 그 소리였다!
친정엄마와의 선상데이트는
생사를 오가며 공포 속에 떨었던
엄마의 70년 전 전쟁의 악몽을 재현시킨
아픔의 시간이었다

한나나

충남 장항 출생
홍익대학교 교육대학원 재학중
'월간시인' 제1회 신인상으로 등단(2023)
월산시 동인
현 ㈜더프랜즈언어심리발달센터 청소년상담사
symother0816@hanmail.net

시를 사랑하는 소중한 분들과 나누는 인사로
2024년을 행복하게 가꿔봅니다.
사랑합니다.

그대 오심은 선물이었습니다

그대는 어디선가
바람 타고 날아와
봄빛 찬란한 한때
노랗게 피우다가
가벼이 날아가는
홀씨입니다

내 마음에도
잠시 내려앉아
노란 꽃피우고
행복한 마음
넘치게 하니

사랑으로 머문 그대는
내게 선물이었습니다

그대 내게 오실 때에

그대 오시는 길에
노란 민들레가
수줍게 웃어주고
강아지풀 간지럽게
살랑거리면 좋겠습니다

햇살이 아름답게 눈부시고
시원한 바람이
그대 뺨을 살짝궁
스치면 좋겠습니다

그대 발걸음에 날개가 있어
오시는 길이
가벼웠으면 좋겠습니다

그대 오시며
보고 싶어 설레는 마음과
살며시 지어지는 그 미소가
내게도 전해진다면
그렇다면 더 좋겠습니다

시 가꾸는 마음

첫 발령지 장항초등학교
6학년 2반 담임선생님
나의 일기장에 바르고 정성 어린 글씨로
답글을 달아주시니
어린 마음 그 사랑 너무 좋아
지우고 다시 쓰던 일기는
우리 선생님 정년 하시던 해에
빛나는 시가 되어
세상에 선보이게 되었다
그녀의 눈빛과
그녀의 손길과
그녀의 마음은
꿈 하나가 이루어지는
기적이 되었다

나의 김영화 선생님!

박종덕

'월간시인' 제2회 신인상으로 등단(2023)
현 고분자가공 기술자문
pjstarn@naver.com

3편을 골랐다. 시에 관한 고전적인 심상에서 출발하여 현재의 방향을 고민하고 미래를 상상해 보았다. 이것은 시에 던지는 모험적인 질문이지만, 또한 시를 사랑하며 그 가치를 무한히 긍정하는 마음을 전제로 한다. 시는 삶의 수단이 아니라 목적이기 때문이다. 온갖 정보의 개방성과 고양된 영성의 대중 확산은 과학 문명의 이기利器와 결합하여 시의 본령에 기상천외한 상황을 가져올 수도 있다. 시는 만상을 향하여 보다 궁극적인 질문을 하는 고도로 응축된 미적 존재물로 자리할 수 밖에 없으리라.

당신을 만나는 순간

산 속에 마음의 귀를 두고 왔어요
그리고 몇 날 며칠 동안 기다립니다

바위들아 살아서 내게로 와라
나무뿌리야 잠들지 말아라
풀꽃 옆의 바람아 숨을 쉬어라

강가에 마음의 눈을 두고 왔어요
그리고 몇 날 며칠 밤을 지새웁니다

추억들아 물가로 나오너라
잔물결아 밤의 얼굴을 비추어라
물고기야 꿈 속에서 꿈꾸어라

생몸살에 정신이 아득한 끝에
어느 날 문득 바라다보면
세상 환하게 초롱불 켜고
먼 곳에서 나비처럼 날아오거나
장막을 걷고 뛰어나오는 말씀들

그렇게 당신은, 시詩는 오다
맨발로 약속 없이 오다

시를 찾아서

처음엔 달을 보고 울부짖었다
깊은 밤 동굴 밖 숨막히게 흩뿌려진 별무더기들
몸 속에 언어가 잉태되기 전
몸서리치며 마주쳤던 그것은
두개골 깊숙한 곳을 우레처럼 울린
신神이 던져 놓은 무언無言의 시
자신을 비추는 낯선 거울이었다

역사가 황금의 이삭을 꿈꾸면서
언어가 영글어 시의 주인이 되고 문자들은 쌓여
혼돈의 세계를 가면假面의 질서로 이끌었다
문명이 사람을 눈멀게 하듯 그것은
의식의 표피에서 헤매고 있는
시인이 던져 놓은 유언有言의 시
흐린 거울은 신神의 빛을 잃었다

언어 앞에 떨고 있는 사물이여
지금 이것도 유언의 시
벌거벗은 너의 모습 앞에 나 또한 떨고 있으니
위험 속에 탄생하는 무언의 시
공포와 환희가 뒤섞였던 그 처음으로 돌아가고 싶다
그리하여 이제 유언의 시를 붕괴시킨다
더 이상 쓸 수 없는 불가해한 세계로 가기 위하여

시인의 운명

이제까지의 시는 머지않아 구시대의 유물
생각과 감정을 직조하여 펼친 문자의 세계는
덜그럭거리는 소음처럼 변해 녹이 슬 거야
갈 길을 잃어 박물관에서나 볼 수 있겠지

인류가 쌓아 온 온갖 지식을 머리에 이고
섬뜩한 심상과 운율로 언어의 잔칫상을 차려 놓는
만들어진 갓난 마음의 저 민첩함을 보라*
그것이 그럴듯한 환영幻影일지라도

간신히 몸을 피해 녹슨 유물이나 갈고 닦는
문자라는 교감交感 의례는 폐기되어야 할 구식의 전통
언젠가 키보드는 모두 쓰레기통으로 버려지고
생각만으로 소통하는 별천지 세상이 오리니**
의식의 자리는 그만 갓난 마음에게 내어 주고
무의식의 동굴을 파고들어 희대의 광물을 캐내야 하리
그것은 태초의 말씀이나 모습 없는 울림
들판의 이름 없는 풀꽃이 피고 지는 이유 같은

그대, 청정한 불립문자의 시인이여
언어의 벼랑에서 뛰어내리는
가장 위험한 원시인原始人이여

*인공지능(AI)
**미래형 소셜 네트워크(BBI, Brain-Net)

윤영돈

서울대학교 학사, 석사, 박사
'월간시인' 제2회 신인상 당선(2023)
현재 인천대학교 윤리교육과 교수 겸 도서관장
논저 『정신건강과 도덕교육』 등 다수
danielyoun@inu.ac.kr

문학 장르는 인간의 삶의 다양한 국면을 보여주는 것 같습니다. 그중에 시는 한정된 형식으로 인간 삶의 의미를 담아내기에 아주 좋은 그릇이라고 생각합니다. 이번에 독자분들과 함께 나누고자 하는 시들은 자연에서 인간의 위상을 가늠하고, 인간관계와 사회적 삶에서 요구되는 자세와 태도를 그려 보며, 무엇보다 시가 우리에게 줄 수 있는 넓고 깊은 위로를 노래하고자 합니다.

미스터리

식물처럼 생의 의지 가득하나
바람에 눕는 풀 만큼 겸손하지 못하고

동물처럼 쾌락과 고통에 민감하나
동물이 지닌 욕망의 브레이크는 없고

동식물과 달리 지식을 추구하나
사회를 파괴하는 데 쓰기도 한다

그러나 인간은 반전이 있는 심연
한정된 형식에 무한한 의미를 추구하니

자연과 벗하는 서정을 풀어내고
노년이 되어도 끊을 수 없는 사랑을 노래하고

지나간 아픈 날 되풀이되지 않도록
참회록 쓰며 하늘을 바라본다

희비 선악 공존하는
인간이라는 장르는 미스터리

관절

땅을 딛고 하늘을 쳐다보며 팔다리 흔든다
일만 보 채웠다고 얼굴에 꽃이 핀다

한평생 오르막 내리막 희비가 교차하는 길
그래도 네 덕분에 나그네 여정 이어간다

하중도 견디며 마디마디 기꺼이 이어주는
네가 있어 이질적인 뼈들도 한 몸 이룬다

대척점 같은 인간관계 부딪치는 굽이굽이
그래도 관절 같은 사람 있어 희망이 움튼다

시가 주는 위로

사람은 저마다 시 한 편을 품고 살아간다

누군가에게 시란
따스한 품으로 맞아주는 집의 아늑함이다
하늘과 바람과 해와 달과 별들의 위로이다
만남과 이별이 선물한 그리움과 추억이다
절벽에서 추락할 때 돋아나는 날개이다
생의 근원 깨치고 스며들며 살아갈 힘이다

그렇게 저마다 시 한 편을 품고서
팍팍한 현실 고단한 오늘
시 같은 삶을 일궈간다

임경민

'월간시인' 제2회 신인상으로 등단(2023)
km3687@naver.com

평범한 일상에 시가 훅 들어왔습니다. 설마했던 제가 시인이 되었습니다.
그냥 스쳐 지나가는 풍경 무심히 흘러가는 시간들이 시의 눈으로 보니
놀라움이고 아름다움이고 축복입니다. 적지 않은 나이에 등단을 하고
시의 세계에 빠져 시를 읽고 시를 상상하고 시를 씁니다.
알 수 없는 행복감이 스멀스멀 밀려옵니다.

연鳶과 연緣

연鳶 떨어진다
연緣 끊어진다

아버지의 연이 떨어지고
어머니의 연도 떨어졌다
백부 숙부 고모의 연도 떨어지고
외숙 이모의 연도 떨어졌다

함께 놀던 사촌들의 연도
하나 둘 떨어지고
그 자녀들의 연은
더욱더 멀어져 갔다

연이 날던 하늘에는
무심한 솔개 한마리가
하늘 높이 날고 있다

*연鳶 : 솔개 연. 하늘을 나는 종이 연
*연緣 :. 인연

일파만파 一波萬波

봄여신의 입맞춤에
마른 장작 같았던 나무에서
목련과 벚꽃이 화사하게 피고
산과 들에서 겨울을 견뎌낸
분홍노루귀와 제비꽃이 깨어납니다
벌은 여기저기를 다니며
엉겅퀴와 쑥부쟁이를 깨워
봄이 왔음을 알립니다
봄꽃들의 세상이 펼쳐지면
시심詩心이 절로 넘쳐나
시화詩花들이 함께 피어납니다

봄여신의 입맞춤에
온 천지가 개벽합니다
아름다운 세상이 열립니다

촛불을 켜다

켜켜이 내려앉은 어둠을
이불 밖으로 밀어내고
두텁게 덮인 눈두덩이를 걷어내고
촛불을 켭니다

혀모양의 불꽃이
빠른 비트의 리듬에 맞춰
춤을 추는 듯합니다

고요합니다
냉장고의 냉매가 흐르다
멈추는 소리가 들립니다
새벽 공기가 사뭇 보드랍습니다

기도와 묵상으로 시작하는 하루
어둠이 서서히 빛과 교대합니다
엄한 동장군도 화사한 봄처녀에게
살포시 자리를 내어 줍니다
일상적이지만 소중한
새로운 하루가 시작됩니다

김규환

강진 도암에서 태어나다.
'월간시인' 제3회 신인상에 당선되어 등단(2023)
첫 시집 『흔적들』(2024)
doamgyu@naver.com

마음이 곡기를 끊고 시름시름 아파하는 날 마음을 붙잡고 길을 떠난다.
멀리 바다 보이는 고갯길 접어들어 심란한 마음 꺼내 바람에 말린다.
하룻밤을 백 년처럼 한 사나흘 말리고 나면, 마음은 산을 낳고 하늘을
낳고 바다를 낳으려나, 속절없는 줄 알면서 저만치 걸려있는 마음을 향해
손을 흔든다. 다시 돌아올 즘 내 마음은 산이 되고
하늘이 되어 넓은 바다를 품고 있으려나….

북어 이야기

고단한 어제와 오늘이
허탄하여 속 풀어야 할 때
두들겨 맞고 찢어져야만 했던 북어는
온전한 물고기 한 마리가 되어
내 뱃속 헤집고 다닌다
북어는 할머니 주름진 손끝에서
통증이 사라지던 약손이다

이를 악물고 말라가야 했던
뭇매 견디다 못해 제 몸마저
북북 찢어 주어야 했던
명주실에 칭칭 묶어 매달아
거친 생의 이력을 종결하듯
국밥집 문 위에 고향 집 대들보 위에
신과 인간의 상념의 언저리에서
선량함을 내재한다

혀가 잇몸에 들러붙도록
하루하루 퀭한 눈으로 찬바람 이겨내고
사랑도 후회도 없을 것 같지만
얼었다 녹았다 말라가기를 왕복하는
그렇게 꺽꺽 오열하며
뜨거운 생 지탱하는 것 보면
사람들은 한 마리의 북어인 셈이다

아카시아 추억

아카시아 향기 물씬 건너와
만개한 꽃 냄새 지천으로 사무쳐 온다
달큼하면서 숨이 멎을 듯
속수무책 사방에서 에워싸 진하게 취한다
초록이 짙을수록 꽃은 화려한 색 버리고
향기는 진한 유혹에 빠진다

얼마나 많은 추억을 속 깊이 주었는지
학교 파하는 길 하얀 쌀밥 따먹던 풋풋한 첫사랑
아카시아 잎 따내며 남은 한 잎 누가 더 사랑하는지
아름다운 아가씨 어찌 그리 예쁜지요
꽃향기 바람 타고 날아와 불 지피고 떠난다

밤이면 아스라하게 일렁이는 꽃 타래
허공에 뜬 성처럼 고즈넉하다
그 성 옥탑 창문 열고 그녀를 기다리다
바람이 한소끔 불어오면 향기에 취해 잠들고
눈이 뜨면 꿈이 깰까 눈 감고 그녀를 바라본다

아카시아꽃 타래가 마음을 일렁인다
사람들이 꽃보다 향기를 사랑하는 것은
그 냄새에 빠져 닮아가려나 보다
살면서 나만의 향기로
세상을 향기롭게 할 수 있다면
아카시아처럼 달큼한 포근하고 싶다

장아찌 같은 인생

제 몸 말려 된장 간장에 콕 박혀
도 닦는 수도승처럼 인고의 세월 보내다
온몸에 짭짤한 간 배어 세상 빛 본다
어둡고 까만 곳에 박혀있다 어렵게 세상 나와도
밥상 한쪽 애석하기 짝이 없다

오랜 시간 지나야 곰삭은 맛 내는
세월이 가고 어른이 되기까지
길고 지난한 시간 거쳐야 하듯
짜디짠 세상맛 찐하게 느끼고
아작아작한 순간도 겪어 보는 인생 반찬

신맛이 날라치면 단맛이 잡아주고
씹을수록 오래된 진한 맛보게 하는
배고 배어서 뺄 것이 없는 찐 사랑
눌리고 눌려서 혀끝에 살아나는
짜고 시큼한 우리네 인생이다

한 번쯤 생각날 때 슬며시 꺼내보는
장아찌 같은 어머니 사랑
그리움인가 눈물방울 손등에 떨어진다
두드러지게 돋보이는 삶은 아니지만
장아찌 같은 속 깊은 사람이면 어떨까

강준구

건국대학교 독문학과, 방송통신대 국문학과 졸업
'월간시인' 제3회 신인상으로 등단(2023)
방송통신대 대학원 문예창작콘텐츠학과 재학 중
kjkhjy@naver.com

가끔 새벽을 거꾸로 만난다. 아침이 아닌 하루의 끝인 듯한 기분이지만, 그것은 내가 살아낸 긴 시간이었고, 결국 나랑 무관하게 시작될 누군가의 새벽이기도 한데, 눈을 뜨고 있는 동안에는 무슨 이유로 배가 고픈지 그런 것을 생각하다가, 남들 다 잘 때 나는 왜 이런 고민을 하는 걸까 라는 의문 속에서 기껏 한다는 게 이젠 무엇을 먹을까라는 본능에 지극할 뿐이다. 결국 먹지 않으면 시를 쓸 수 없다는 이유를 내걸고 오늘은 어디선가 야식을 먹을 것이다.

남산

아무래도 신화로만 숨겨져 있지 싶다
무엇이 묻혔기에 뭉근히 솟았는가

강물에서는 냄새가 넘겨지고
단단한 다리들이 겨냥하는 무덤 능선을
나는 겨우 미끄러지지 않게 기어간다

지난 여름에 깔려 버린 기분이 여전하고

거북손이 번식하는 뱃가죽
돌무더기 허리띠가 칭칭 감겨 도는
마을버스 하필이면 여기서 중노동인지

나의 시선은 부드럽지 않은 경사를 그물 걷고
아직 갈 길에 대해 골똘히 어림하는데

어둑이 내리고
허리춤에 묶인 밤은 하나씩 켜지고

심야식당

나는 하강을 청취한다
나는 물결을 흠향한다

기화된 허기가 흥건하고
고요가 허겁지겁 젓가락을 든다

관찰자적 고독으로 진설된 흠

공들여 게을러지려는 때가 언제인가
무엇이 아니려는 것인가에 대하여
나는 오로지 B급 감성으로 앉아
생각해 본 적 없는 그것을 망각한다

백야가 인공으로 밤을 빚는다
시한부 어둠이 숨을 몰아쉰다
혈관에 질주하는 배고픔을 더욱 방치한다

주릴 때 비로소
나는 내가 제대로 만져진다

불룩한 뇌가 침을 흘린다

비해^{飛海}ing기^記

비 보다 높은 곳에서
나는 일출을 피하지 못하였다

언제나 라는 그 곳에서
아래 라는 이름을 벗어 던진
잠깐의 임사^{臨死}와도 같은
익혀야 할 초행

구름은 번쩍이는 멀미였어

바다와 하늘이 만난 곳의 틈을 벌리려고
우뇌에 안간힘을 보냈다가
또 속이 울렁이고 말았다
그곳은 모든 것의 출렁임이었기 때문일까

잔잔함이 없는 걸 보니
아직도 이곳의 잠시를 살아내고 있나 보다

정원순

서울산업대학교 화학공학과 졸업
서울한영대학원 아동복지학과 졸업
경기대학교 사회복지학과 수료. 요양보호사
'월간시인' 제4회 신인상으로 시 등단(2024)
동화구연가, 시낭송가
현재 국공립어린이집 운영
silvia2616@naver.com

여고시절 손바닥만 한 삼중당 출판사에서 펴낸 명작소설에 흠뻑 빠져 있던 시절부터 시인의 꿈을 꾸었는지도 모른다. 한때 도전해 본 적도 있지만 현실의 벽은 높았다. 환갑이 되고 보니 그래도 한 가닥 미련이 남아 나는 다시 도전했다. 인생은 60부터 제2라운드는 내가 살아가는 이야기를 담담하게 그려보는 것도 좋을 듯싶었다. 아직은 현직에 있어 틈틈이 시간 나는 대로 배워가는 지금은 즐겁다. 다행히 이끌어주는 선배 문인들이 있어 나는 행운이 많은 사람이다 생각한다.
천천히 한발씩 나아가 본다

버드나무 철학자

모두 위로만 쳐다보는 세상
가장 낮은 눈높이로 내려와
바람의 그네에 앉아있다

무심히 흘러가는
강물의 굴곡진 사연에 귀를 기울이기도 하고
까치의 노래 따라 흥얼흥얼
창포물에 머리 감은
기다란 이야기를 풀어놓는다

회오리 폭풍에 찢겨 나간 어깨죽지
봄이 오면 새살이 돋는다고
위로하며 살아간다

깊어가는 여름
안양천 실버들
물의 속삭임까지 다 받아적는다

마지막 택배

계절이 바뀌어도
변하지 않은 사랑

덜그렁덜그렁
걸음마 보조기 앞장세워 보내온 택배

유년기에 심었던 알밤과
배고픈 시절 추억의 올벼쌀
노란 은행알 한 봉지
짓밟혀 냄새난다고 멀리 달아났던 저 은행알
몇 날을 익혀 얇은 속껍질을 벗겨야
알알이 노란 손끝에서 저만큼 나올까

지난번 손톱 끝의 시커먼 멍은
껍질을 깨느라 빗나간 망치 끝에
얻은 상처가 아닐까 묻지도 못했는데

엄마는 담석증으로 또다시 병원에 입원했다
병실에서도
미처 보내지 못한 참기름이 생각났는지
간장과 함께 보내 주셨다
임종도 지키지 못한 딸에게
엄마가 보내준 마지막 택배였다
죄송스러운 이 저녁 식탁
나물을 무치는 손끝에
엄마의 향기가 진하다

공감

한 단어 한 문장씩 말을 하기 시작하는 세 살 아이들은 오전 중에는 바깥놀이를 간다 손잡이가 달린 무지개줄을 잡고 산책도 하고 놀이터에서 그네 시소 미끄럼틀도 타고 돌아온다 현관으로 들어오는 아이의 표정이 창백해 보인다 평소와 다른 아이에게 물으니 눈을 깜빡이며 생각한다 "오토바이"를 외친다 "오토바이가 쌩 지나가서 놀랬구나" 마음을 읽어주자 그제야 혈색 없던 얼굴에 안도의 환한 웃음을 짓는다 내가 말하지 않아도 누군가 내 마음을 알아준다면 세 살 아이와 통하기도 하고 60살 어른과 철조망 담벼락이기도 하는 마음 오늘은 세 살 아이와 통했다

이구철

부천 신인문학상 수상(2022)
'월간시인' 제4회 신인상으로 등단(2024)
소새 동인
hinso297@naver.com

시를 쓰기 전에는 눈에 보이는 것에 마음을 썼다. 시를 쓰고부터는 눈에 보이는 것보다 눈에 보이지 않는, 저 너머에 있는 무언가를 보기 위해 애를 썼다. 그리하여 시가 나에게 웃으며 걸어올 때까지 시를 읽고 생각하고 썼다. 시는 마음 속에 소 한 마리를 키우는 것과 같다. 그 소를 잘 길러 농사도 짓고 때에 따라선 등에 올라타 피리 불며 복숭아꽃밭으로 놀러 가고도 싶다. 그 복숭아밭에 즐거운 놀이터를 만들어 시와 끝없이 대화하고 깔깔대고 웃음을 나누고 싶다.
시에는 만 리를 갈 수 있는 정밀 지도가 들어 있다.

병뚜껑

모든 병에는 뚜껑이 있다.

병뚜껑은 오뚝 병 위에 앉아 있는
그냥 사소한 존재가 아니라
병을 꽉 잠가 주고 병을 굳게 지켜주는
천 년 성처럼 묵중한 존재다

병은 병뚜껑 없이 자신을 지킬 수 없다
병이 아무리 잘나 힘자랑하듯 근육을 뽐내지만
병뚜껑 없인 아무 소용도 없어
병뚜껑은 결코 삭제되어선 안 돼

병을 지켜주는 건 틀림없이 병뚜껑

병은 병뚜껑이 있어 더욱 단단해지고
물이 밖으로 분리되지 않아
그래서 온전하다

모든 병에는 뚜껑이 있다
병은 병뚜껑의 푸른 입술로 숙성되고
물은 병뚜껑의 응원에
바람과 햇살로 자란다

병을 다스리고
물을 다스리며
조용히 군림하는 병뚜껑

만두 2

햇빛과 비가 하나의 법칙이 되어
바람과 온도가 하나의 질서가 되어
자랑처럼 풍만하게 자란 흙 속에서
지렁이는 흥겨워 휘파람 소리를 낸다
고추는 안심한 듯 뿌리를 내리고
흙의 깊은 맥락 속에서 충분히 잘 자란다

맛의 깊이와 높이가 하나의 운동이 되어
맛의 정밀함과 섬세함이 하나의 춤이 되어
솥에서 물안개처럼 피어나는 만두
은밀한 파장을 일으키며 맛과 맛이 물개 박수를 친다

지렁이의 휘파람 소리와 가마솥의 물안개는 닮았다
나아가 흙과 만두는 닮았다

흙의 깊은 맥락에 고추가 뿌리를 내리듯
오르기 힘든 맛의 절벽을 기어올라
땀 흘려 정상에 오르면
만두의 젖꼭지에선 몽글몽글 은밀히 딸기 우유가 새어나오고

간간함이 잘 조립된 간절한 맛의 끌림에
만두는 못견디듯 뻐꾸기 소리를 낸다

복권

난 비밀 번호를 가지고 있어요
그것은 은행 금고에도, 구름 위에도 없으며
성처럼 충분히 견고하여
어떤 공식으로도 풀 수가 없는 정밀함이 있어요

사람들은 내 얼굴, 옷차림, 몸무게를 전혀 몰라요
색깔, 냄새, 목소리도 몰라요
어떤 표정도 없어 내 정체를 결코 알지 못해요

사람들은 내가 누군지 궁금해 하면서
진정 내게 선택받기를 간절히 원하고 있어요
영화의 주인공처럼 가슴 뛰며 주목받고 싶어 해요

나는 배달이 안 돼요 번역도 안 돼요

숨겨진 고분처럼 발굴할 수도 없어요
아주 귀한 보석처럼 우아하고
함부로 굽히지 않는 품격이 있어요

우렁각시처럼 꼭꼭 몸을 숨기고 있어
측정할 수 없는 묵중한 무게가 있지만
난 항상 착하지는 않아요
나로 인해 눈물 흘릴 수도 있어요
그러니 속이지 말고 정직해야 해요

꿈꾸는 미래를 가진 비밀 번호
사랑하고 꾸준히 사랑하라고 세상에 암호를 던져요

박인숙

매일신문 시니어 문학상 시부문 수상(2021)
'월간시인' 제4회 신인상으로 등단(2024)
bos1221nb@naver.com

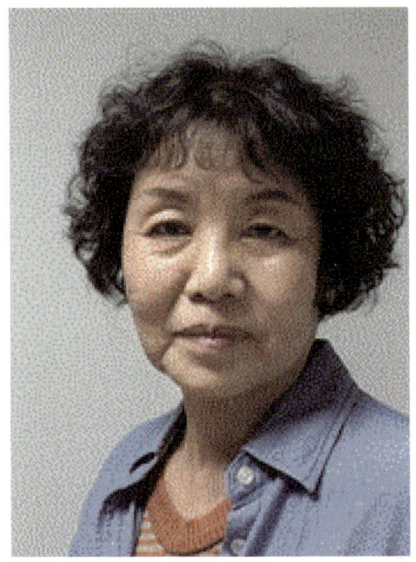

그동안 잠자고 있던 작품들이 기지개를 켭니다.
아름다운 기억, 슬픈 기억, 때로는 몽환적인 상상들까지도
결국은 모두가 저의 삶이었습니다.
부족하지만 모두가 저에게만은 소중한 자산입니다.
사진을 보듯 차곡차곡 정리해 봅니다.

소라현역

경부선의 중앙쯤
조용하고 나즈막한 간이역이 있지요 그곳엔
시간을 쉬어가게 하는 마법의 시향詩香이 흘러요

지나던 기차도 발걸음 멈춰서서 숨 고르고
바람도 마주 앉아 발 주무르며
옛 선비들 흉내 내며 시 놀음하지요

배불뚝이 항아리들 옹기종기 모여앉아 합평회를 하고요
역 마당 달구지에 가득 실린 노랫말
참새들이 조잘조잘 낭독을 하면
낮달이 내려와 추임새를 넣지요

발맘발맘 나무계단을 오르면
모과 향 가득한 자율 찻집이 나오지요 그곳에선
처음 만나는 누구라도 친구가 되어
따끈한 모과 찻잔에 눈웃음 한술 넣고
찻숟갈로 도란도란 젓고 있지요

가끔 나만의 퀘렌시아가 필요할 땐
경부선
완행열차를 타세요

광어의 기도

천주여 저에게도 눈꺼풀을 주서서
번쩍이는 칼날이 제 목을 향해 내려오는 순간에
작은 눈이나마 질끈
감게 하소서

천주여 저에게도 목소리를 주서서
목이 잘리는 순간에
단말마의 비명이라도
지르게 하소서

천주여 저에게도 흘릴 수 있는 눈물 한 방울 주서서
껍질이 벗겨지고 살점이 잘리고, 그리고 드러나는
제 몸의 앙상한 뼈를 봐야 하는 그때 두 눈에서 조용히
눈물이라도 흐르게 하소서

천주여 지금 제가 할 수 있는 건 오직
도마 위에서 파르르 떠는
몸짓 하나뿐

그것은
온몸으로 드리는
저의 기도입니다

반딧불이

은하수 가득 내려앉던 밤
짧은 입맞춤하고
손 흔들며 멀어져 간 머슴애가

두 손 가득 담아주고 간
반딧불이
가슴속 서랍에 넣어두고

가끔
별 총총한 밤이면 꺼내 보는
반짝이는
추억 한 마리

인문학시인선-015
시인문학회 2024 앤솔로지

오래도록, 아주 오래도록
올해의 좋은 시 2024

제1쇄 인쇄 2024. 5. 5
제1쇄 발행 2024. 5. 10

지은이 김영아 외 65명
펴낸이 민윤식
엮은이 서울시인협회 · 시인문학회

펴낸곳 등록번호 제 2023-000035
서울시 종로구 종로19 르메이에르 종로타운 1030호(종로1가)
전화 : 02-742-5218

ISBN 979-11-93485-10-1 (03810)

*잘못 만들어진 책은 본사나 구입하신 서점에서 교환하여드립니다.
*이 책은 저작권법에 의해 보호받는 저작물이므로 저작자와
 출판사의 서면동의 없이는 무단 전재와 무단복제를 금합니다.